广东省基础与应用基础研究基金区域联合基金青年基金项目（项目编号：2020A1515110133）
广东省社会科学研究基地：东莞理工学院质量与品牌发展研究中心（项目编号：GB200101）
广东省普通高校人文社科重点研究基地：珠三角产业生态研究中心（项目编号：2016WZJD005）
国家自然科学基金项目（项目编号：71921001，72025402）

项目风险管理

PROJECT RISK MANAGEMENT

丁齐英　魏玖长◎编著

U0129635

经济管理出版社

ECONOMY & MANAGEMENT PUBLISHING HOUSE

图书在版编目（CIP）数据

项目风险管理/丁齐英，魏玖长编著 . —北京：经济管理出版社，2022.6
ISBN 978-7-5096-8443-6

Ⅰ.①项…　Ⅱ.①丁…②魏…　Ⅲ.①项目风险—风险管理　Ⅳ.①F224.5

中国版本图书馆 CIP 数据核字（2022）第 086417 号

组稿编辑：郭　飞
责任编辑：郭　飞
责任印制：黄章平
责任校对：张晓燕

出版发行：经济管理出版社
　　　　　（北京市海淀区北蜂窝 8 号中雅大厦 A 座 11 层　100038）
网　　址：www.E-mp.com.cn
电　　话：（010）51915602
印　　刷：唐山昊达印刷有限公司
经　　销：新华书店
开　　本：720mm×1000mm/16
印　　张：15
字　　数：261 千字
版　　次：2022 年 8 月第 1 版　　2022 年 8 月第 1 次印刷
书　　号：ISBN 978-7-5096-8443-6
定　　价：58.00 元

前　言

　　项目无处不在。大到三峡工程、神州十四号上天、奥运会举办、新产品研发、新厂区建设；小到家庭购房、装修，参加一场竞赛，举办一次班集体活动，这些都是项目。项目是一次性的、经过努力才能完成的临时性活动。风险管理包括风险规划、识别、估计、应对、监控等环节，项目风险管理是项目管理组织应用系统工程管理技术和方法对项目风险管理各个环节进行系统识别、量化和控制的活动过程。项目要想成功，风险管理是保证。现如今，"黑天鹅""灰犀牛"等风险事件不断发生，全面掌握风险管理，尤其是项目风险管理的原理与方法成了管理者的第一要务。因此，项目风险管理成为21世纪青年人热衷的职业、企业家越来越关注的话题、国家快速发展和提高综合实力的重要保证。

　　随着项目风险管理热潮的兴起，项目风险管理的书籍也大量涌现，但适合项目管理工程硕士与相关专业本科高年级学生阅读，并能作为教材的项目风险管理书籍并不多见。本书在吸收国内外项目风险管理最新成果的基础上，结合经济全球化发展新趋势、新特点，阐述了企业、国家、社会项目风险管理的必要性和迫切性，强调项目风险管理理论及其知识体系在各类项目中的应用。本书的特色有如下几点：

　　第一，系统科学的风险管理思想。项目风险管理的核心是利用系统科学的思想和方法对项目整个生命周期过程进行全方位的风险管理。本书全面贯彻这一思想：一方面，本书论述了项目风险管理的基本过程，即以风险识别、风险分析、风险应对和风险监控为主线，以项目风险管理规划、项目风险分析过程、项目风险分析技术与方法、项目投资风险分析、项目环境风险分析、项目社会风险分析、项目风险应对、项目风险沟通与监控、项目风险管理体系与标准为内容框架，全面系统地梳理了项目风险管理活动过程，强调项目风险管理知识体系的系统性。另一方面，在一些关键章节，如项目风险管理计划、项目风险识别、项目风险分析技术与方法中，用一定篇幅阐述了系统科学在项目管理中的应用。

第二，简明清晰的内容框架体系。为便于读者阅读，本书在每章内容开篇处提供了该章的内容导航图，为读者提供学习该章内容的思维指引，以达到事半功倍之效。

第三，丰富的相关教学案例。为配合每章内容讲解需要，本书收集并整理了大量项目风险管理实践相关案例，分别匹配到每章风险管理知识内容后，并设计思考题，启发读者深入思考，向读者展示如何运用项目风险管理理论来解决实际项目中的风险管理问题。

第四，与时俱进与国际接轨。本书在第 10 章就 GB/T20032-2005 项目风险管理应用指南、ISO 31000 标准、ISO 22301 业务连续性管理体系三种项目风险管理体系与标准进行阐述和解读，为读者结合项目实际情况理解项目风险管理标准、阅读项目风险管理书籍奠定基础。

第五，为配合课程的教学需要，本书每章内容后均附有思考题，方便读者练习和复习，以考查其掌握项目风险管理基本理论和方法的程度。

本书由丁齐英和魏玖长负责策划、总纂和定稿。参与初稿编著工作的有中国科学技术大学的博士后李志、博士生刘婷婷以及硕士生樊洋洋、刘源、韩金朵、王玉岚、王贝宁、杨晨、闫卓然、赵洋和周海娆等。安徽医科大学方桂霞老师也参与了本书的统稿和编辑工作。

本书受到广东省普通高校人文社科重点研究基地——珠三角产业生态研究中心（项目编号：2016WZJD005）、广东省社会科学研究基地——东莞理工学院质量与品牌发展研究中心（项目编号：GB200101）、广东省基础与应用基础研究基金区域联合基金青年基金项目（项目编号：2020A1515110133）、国家自然科学基金（72025402、72042008、71921001）的资助。

项目风险管理是一门新兴的、发展中的交叉学科。本书在编写过程中，尽量吸收最新的项目风险管理理论研究成果，并结合编者的教学实践、科研实践以及企业项目风险管理实际，使本书具有新颖性、学科交叉性和实践性。但由于本书编写时间较紧，加之编著者能力、水平和条件限制，书中仍然会存在某些欠缺和不足，也难免挂一漏万，甚至有的观点和内容可能并不适用，敬请广大读者和同仁提出宝贵意见，以便今后再版时加以改进。

目　录

第1章　绪论 ……………………………………………………… 1

1.1　项目风险管理的历史与发展 ……………………………… 2

1.2　基本概念 …………………………………………………… 3

1.3　项目风险管理的基本过程 ………………………………… 16

1.4　相关案例 …………………………………………………… 19

1.5　本章小结 …………………………………………………… 20

第2章　项目风险管理规划 …………………………………… 22

2.1　项目风险管理规划概述 …………………………………… 23

2.2　项目风险规划过程 ………………………………………… 25

2.3　项目风险管理计划 ………………………………………… 27

2.4　项目风险管理规划的技术与方法 ………………………… 30

2.5　项目风险管理规划的理论 ………………………………… 31

2.6　相关案例 …………………………………………………… 36

2.7　本章小结 …………………………………………………… 39

第3章　项目风险分析过程 …………………………………… 41

3.1　项目风险识别 ……………………………………………… 42

3.2　项目风险估计 ……………………………………………… 49

3.3　项目风险评价 ……………………………………………… 54

3.4　相关案例 …………………………………………………… 58

3.5　本章小结 ……………………………………………………… 61

第4章　项目风险分析技术与方法 …………………………… 63

4.1　项目风险识别的方法 ………………………………………… 64

4.2　项目风险估计的方法 ………………………………………… 84

4.3　项目风险评价的方法 ………………………………………… 91

4.4　本章小结 ……………………………………………………… 113

第5章　项目投资风险分析 …………………………………… 115

5.1　项目投资风险概述 …………………………………………… 116

5.2　风险分析指标 ………………………………………………… 121

5.3　投资风险分析案例 …………………………………………… 122

5.4　投资风险分析工具 …………………………………………… 127

5.5　本章小结 ……………………………………………………… 133

第6章　项目环境风险评估 …………………………………… 135

6.1　项目环境风险的含义 ………………………………………… 136

6.2　项目环境风险评估的含义 …………………………………… 136

6.3　项目环境风险评估的主体 …………………………………… 136

6.4　项目环境风险评估的过程与方法 …………………………… 137

6.5　项目环境风险评估报告的制定 ……………………………… 142

6.6　项目环境风险评估当前存在的主要问题及完善建议 ……… 142

6.7　项目环境风险评估的意义 …………………………………… 143

6.8　相关案例 ……………………………………………………… 144

6.9　本章小结 ……………………………………………………… 145

第7章　项目社会风险评估 …………………………………… 147

7.1　项目社会风险的含义 ………………………………………… 148

7.2　项目社会风险评估的含义 …………………………………… 148

7.3　项目社会风险评估的主体 …………………………………… 148

7.4　项目社会风险评估的过程与方法 …………………………… 149

7.5　项目社会风险评估的工作要求 ·················· 152

7.6　项目社会风险评估当前存在的主要问题及完善建议 ·········· 153

7.7　项目社会风险评估的意义 ·················· 154

7.8　相关案例 ·················· 154

7.9　本章小结 ·················· 156

第8章　项目风险应对 ·················· 158

8.1　概述 ·················· 159

8.2　项目风险管理计划 ·················· 161

8.3　项目风险应对策略 ·················· 164

8.4　相关案例 ·················· 171

8.5　本章小结 ·················· 180

第9章　项目风险沟通与监控 ·················· 182

9.1　项目风险沟通 ·················· 183

9.2　项目风险沟通的方法与影响因素 ·················· 189

9.3　项目风险监控 ·················· 194

9.4　项目风险管理监控方法 ·················· 199

9.5　相关案例 ·················· 208

9.6　本章小结 ·················· 211

第10章　项目风险管理体系与标准 ·················· 213

10.1　ISO 31000 风险管理原则框架与指南 ·················· 214

10.2　项目风险管理应用指南 GB/T 20032-2005 ·········· 219

10.3　ISO 22301 业务连续性管理体系 ·················· 223

10.4　本章小结 ·················· 227

参考文献 ·················· 228

第 1 章　绪论

本章导航

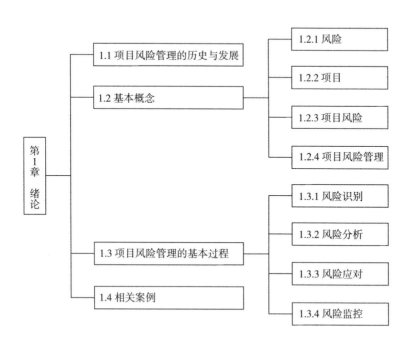

1.1 项目风险管理的历史与发展

第一次世界大战后，在德国逐渐兴起了"风险管理"的概念，并较早建立了风险管理的系统理论。1931 年，美国管理协会首次发布了风险管理的相关概念定义，随后各个国家的理论与实践界通过各种研讨会、学术会议等方式来对风险管理问题进行调查和讨论。项目风险管理的各类规程与指南逐步在一些大公司实施。

1962 年，美国管理学会（AMA）出版了第一本风险管理的专著《风险管理之崛起》，推动了风险管理研究的大发展。梅尔（Mehr）和赫尔奇斯（Hedges）、Williams 和 Hems 分别于 1963 年、1964 年出版了有关企业全面风险管理的专著，引起了西方学者与实践界的关注。随着与风险管理相关的研究逐渐系统化、专业化，风险管理慢慢成为一门独立的、专门的学科。

1975 年，美国成立了风险与保险管理协会（Risk and Insurance Management Society），1978 年，日本成立了风险管理学会（Japan Risk Management Society）。1986 年，由欧洲 11 个国家共同成立了"欧洲风险研究会"，进一步将风险研究扩大到国际交流的范围。

随着项目管理的应用范围不断扩大，风险管理的相关机构在各大公司内部逐渐建立。1983 年，来自世界各国的专家、学者在美国召开风险与保险管理协会年会。该会议通过商议决定将"101 条风险管理准则"作为国家风险管理的一般原则，这表明风险管理又向前发展了一步。20 世纪末，风险管理研究已逐步走向全球。

由于英国、美国、日本、澳大利亚等发达国家资本市场的推动，现代企业风险管理得到了真正的发展和重视。在 20 世纪末到 21 世纪初，在发达国家发生了许多上市公司舞弊、财务造假等事件，例如美国安然事件、世通事件，英国巴林银行倒闭事件、法国兴业银行倒闭事件等，充分说明全面风险管理的重要性。美国于 2002 年制定了《萨班斯法案》来约束在美上市公司的各种经营行为。随后国际标准化组织在 2009 年推出全球范围内的风险管理标准 ISO 31000，从而规范了企业的风险管理工作。2017 年，美国 NASA 为应对各类项目活动中可能出现的风险，正式实施了 ISO 31000《风险管理指南》。

我国于 2006 年 6 月 6 日颁布了《中央企业全面风险管理指引》，这表明我国走上了风险管理的中心舞台，开启了中央企业风险管理的新篇章。

综上所述，风险管理框架的研究是随着工业化水平的不断提高而逐步发展起来的，当今社会的快速发展要求现代化科学管理技术与之相对应，所以有必要重视并积极推动风险管理的研究和应用，特别是对建设工程项目业主风险管理的研究。

1.2　基本概念

1.2.1　风险

1.2.1.1　含义

几乎每个成年人对于"风险"（Risk）都非常熟悉。它是人类历史上长期存在的客观现象，存在于我们的日常生活中，并且常常与我们每天的活动联系在一起。风险在字典中的定义是"损失或伤害的可能性"，风险通常被人们理解为"可能发生的问题"。人们对于风险的认识是在同风险的不断斗争中逐渐深化的。一般来说，风险表示为损失的不确定性，然而理论界对此没有形成统一的看法。

一种观点认为风险是一种不确定性，其本质与不确定性相同。持有这种观点的人通常将不确定性认为是确定性的相反面，也就是事件最后可能会有多种结果，不同的结果会对组织目标或者个体目标的实现产生影响。虽然通过以往对风险成因及管控的经验积累、现有知识以及历史数据的分析，能够预估各种可能状态呈现的范围和程度差异，但是对事件的最终结果无法提前进行准确的预测。

还有一种观点认为风险和不确定性密切相关，但是这两者在本质上有区别。风险是指决策者面临的状态，基于经验知识或历史数据的积累，利用风险分析的工具与方法，决策者可以较为准确地将可能性的概率预测出来，并由此估测出不同可能性下组织目标受影响的程度。在不确定性的状态下，决策者不可以提前估计可能发生的情况。所以，决策者能否预测出事件最终结果的概率分布决定着该状态属于风险还是不确定性。

在现实中，某一事件本身的性质会对该事件是否处于风险或不确定状态有着部分影响，决策者的认知能力和拥有的信息量对事件所处状态有着不可忽略的影响，也就是说，事件所处状态在绝大程度上取决于这个决策者的认知能力和拥有的信息量。由于决策者提高其认知能力和拥有一定的信息量会使不确定性决策有着转变成风险决策的可能，因此，风险与不确定性的区别基于决策者的主观感知能力和认知条件，有明显的主观成分。

综上所述，风险和不确定性之间的区分可以帮助指导基于不同主观认知能力和条件下对决策方法的选择，但由于实际上区分这两种状态以及两种状态之间相互转换的可能性较为困难，因此，大多都采用对风险和不确定性没有严格区别的相关观点来讨论风险。

可以把风险简单定义为"未来结果的不确定性对目标的影响"，分为广义风险和狭义风险。

（1）广义风险。

强调风险表现为不确定性，指出风险有可能导致损失或者收益，从而导致目标不能按期实现或者提前实现。广义风险适用于金融风险分析。

（2）狭义风险。

强调风险表现为损失的不确定性，指出风险只能导致损失，而并不能从中获益，这种损失会影响到目标的顺利实现。狭义风险适用于保险理论与实务中。

1.2.1.2 特征

风险包括五个特征，分别为客观性、不确定性、相对性、可预测性和可变性，具体如下：

（1）客观性。

风险是客观存在，不以人的意志为转移，并独立于人的意识。只要存在个体的认知偏差或者理性限制，风险都必定存在。人们只可以在一定的时间和空间内改变风险存在和发生的条件，以降低风险发生的频率和损失。但总体而言，风险并不可能被彻底地消除。

（2）不确定性。

风险是不确定的，不同情景下的风险发生成因与表现都相同。风险的不确定性具体包括发生概率、发生时间、发生空间以及损失程度的不确定性。

（3）相对性。

时空等多种因素的变化会对风险性质有影响，导致风险性质有所变化。不同组织或个体面临同一风险时的态度与防控能力有较大差异，这就表现出风险的相对性。风险的相对性具体包括风险影响、风险承受能力以及风险应对措施的相对性。

（4）可预测性。

风险的发生是随机的，是由多种条件和不确定因素相互作用而导致的。所以，个体风险的发生具有偶然性和混乱性。然而根据风险事件的历史数据可知，风险具有明显的规律性和一定的必然性。风险的规律性能够让风险管理者在一定程度上科学预见风险发生的可能性与影响程度。风险的可预测性是风险管理的基础。

（5）可变性。

在一定条件下，风险能够转化。世间万物都是相互联系、相互依存、相互制约的，都处于不断变化中，这些变化不可避免地会导致风险变化。例如，科学发明和文明的进步会导致风险因素的变化。

1.2.2 项目

1.2.2.1 项目的含义

美国项目管理协会（Project Management Institute，PMI）将项目定义为：项目是为创造独特的产品、服务或成果而进行的体系化工作。

世界银行给项目下的定义为：同一性质的投资，或同一部门内一系列有关、相同的投资，或不同部门内的一系列投资。

《国际项目管理杂志》主编罗德尼·特纳将项目定义为：项目是一次性的工作，它以一种新的方式组织人员、资金和材料，以完成满足特定规格、时间和成本限制的独特范围的工作。项目既有定量的目标，也有定性的目标，实现项目目标就是能够实现有益的变化。

综上所述，项目可以被认为是由特定组织在一定时间和预算范围内，以具体的技术支持为基础，以特定的质量标准为目标，而进行的一系列任务性活动的集合。

1.2.2.2 项目的组成要素

（1）集合。

从本质上来说，项目属于一连串工作活动的集合，是系统化操作的实践成果。虽然项目是有组织地开展的，但组织并不是项目的本质属性；虽然项目的结果是某种产品,但产品也不可以完全代表项目。例如,某个新能源电池的研发项目,这个项目不能简单地被理解为向客户交付新能源电池,而应从整体系统化的角度出发,即从新能源电池研发过程的角度出发,把它理解为理论推导、实践研制、安装调试、交付使用等系列工作活动的集合。

（2）过程。

项目属于需要完成的、临时的、一次性的且有限的任务集合。这是区分项目过程与其他常规"活动和任务"的重要标志,也是识别项目的主要依据。例如,研制光刻机属于一个项目,而光刻机研制成功后的批量生产则不属于项目。换言之,项目过程不是在相同内容、形式和背景上的简单重复,而是在某种程度上的创新过程。

（3）目标。

所有项目都具有特定目标（例如产品、服务或成果）,且该目标与以往其他任务的目标具有一定程度的差异性和独特性。如果该目标与以往的任务成果完全重复,则该目标背后的任务活动就不能称为项目。项目的目标往往在初始阶段被设计出来,而后在执行阶段被不断修改、优化和完成。

（4）限制。

所有项目都会被资金、时间、资源等多维度因素限制,这与其他任务的限制条件具有相似性,项目只能在一定的限制因素下开展。这些限制因素既是完成项目的制约因素,同时也是管理项目的条件。例如,5G 移动通信技术的研发项目需要在高端技术人才、研发资金以及研发时间等诸多限制条件下开展。

1.2.2.3　项目的特征

（1）资源有限性。

组织的资源是有限的,因此,组织可以投入到单个项目的资源也是有限的。就单个项目而言,通过严格地规划确定投资的总金额、项目的各个阶段所需要的资金、各工作环节的完成时间以及各阶段重要事件是项目管理的重要内容。

（2）目标明确性。

所有项目都具有明确的目标要求,即项目建设规模、技术水平、质量标准以及竣工后的使用寿命等要素都具有明确且详细的要求。项目的目标应该是具体的、可验证的,便于检查;实现目标的措施应该是明确的、可执行的,具有可操作性。

（3）目标多样性。

项目的具体目标,如性能、时间、质量、成本等具有多样性。具体目标可以协调或互补，也可能是不协调的或相互制约和矛盾的。在不同的目标前提下，项目目标的重要性选择存在差异。例如，在追求迅速占领市场的前提下，新产品的研制项目通常以时间要求为第一位；而在追求技术优势的前提下，新产品的研制项目通常以核心技术攻关为第一位。

（4）整体性。

项目是一个系统性的、往往由一些相对独立的子项目或工作包组成的工作集合。这些子项目或工作包包含一些具有逻辑顺序关系的工作单元，各工作单元在相互作用下构成各个子系统，一个完整的项目系统就是由这些子系统共同组成的。为了有效地管理项目，有必要采用系统科学的管理思想和技术方法。

（5）临时性。

项目属于一种临时性的工作集合，一般由临时组成的团队进行管理。由于项目具有临时性，项目实施和管理所涉及的人员是临时的组合，人员与物资设备的组合也是临时的。但临时并不意味着短暂，而是指与日常任务间的差异性。

（6）一次性和非重复性。

每个项目都是一次性任务，有输入和输出，但不是简单的重复。例如，新产品研发是一个项目，而产品的批量化生产则不属于项目。企业工厂建造属于项目，即使使用相同的图纸，在不同地区建造的两个企业工厂也属于两个不同的项目，因为两个项目的建造时间、地点以及建造环境具有一定的差异性。现实中可以有完全相同且批量生产的产品，但不会有完全相同且可以批量实施的项目。项目具有一次性的特质，且每个项目都具有其独特的需求。

（7）不确定性。

项目作为为了完成某一特定目标而进行的一系列新任务集合，具有不确定性。虽然项目的目标明确，但是项目实施过程中的确切状态却不一定能完全确定。例如，研制新型手机芯片，其标准精度、应用对象以及预期效果等事先可明确确定，但采用何种工艺、应用何种材料以及如何制造等还需要在实施过程中不断研究和探索，而不能事先完全确定。

（8）开放性。

项目作为一系列活动或任务组成的集合属于一种系统工程活动。大多数项目属于开放的系统，为了顺利开展项目，通常需要不同部门之间的协作，这要求项目管理者能够管理好项目团队内外关系，将项目团队成员的热情调动起来，此外还需要获得项目团队之外与项目相关的组织或个人的支持。

1.2.3 项目风险

1.2.3.1 含义

项目风险是由于不确定的项目及其环境和条件，以及项目相关利益主体不能对影响因素进行准确的预测或控制，从而导致对项目最终结果的相关预期有所偏离，并给项目相关利益主体带来收益或者损失的可能性。

项目风险广泛存在于各种项目中，并往往会在项目立项、实施和推进的过程中带来一些障碍。项目的多样性也使其蕴含的风险具有多样性。由于项目具有一次性和非重复性的特征，其所蕴含的风险不确定性要大于其他日常社会经济活动。如何对项目中的风险进行管理是现代项目管理关注的重要内容。项目与风险多种多样，每个项目在运行的过程中都会面临各种各样的问题，但也存在一些相同点：第一，项目组织者不能够完完全全地了解项目各组成部分的全部知识。第二，项目组织者难以厘清项目各组成部分之间复杂的非线性逻辑关系。第三，项目的发展处于动态变化中，风险难以被项目组织者及时发现和应对。第四，项目处于一种复杂的环境之中，内外部环境的变化和相互作用会使项目的运行产生较多的变化。

在同一个项目的不同阶段会存在不同的风险。在项目刚开始时会出现较多的项目风险，早期做出的决策会对项目开展之后的阶段和项目目标的实现产生较大的影响。同时，随着项目的不断发展，各种风险相互交错、相互作用，对项目的顺利进行产生联合阻碍，这就体现出项目风险管理的重要性。为了控制项目风险或者对项目风险进行有效的管理，有必要对其进行科学的认识和分析。

1.2.3.2 产生的原因

项目风险产生的原因有很多，可以归纳为三点：

（1）人们的认知能力有限。

由于在知识背景、教育背景、个人价值观、个性等方面存在个体差异，因此人们对同一事物或同一问题存在不同意见。在沟通中，由于项目成员所承担的角色不同，在基于自身的经验和能力同对方沟通时，个人见解也就不同，各方之间的利益冲突在所难免，但正是由于冲突，使问题更容易识别，从而找到更加全面、实用的解决方案。

（2）信息本身的滞后性。

基于信息科学的视角，信息的滞后性会导致事物信息不完整。由于还没有出现项目的实际数据，所以需要基于过去的事件推测用于做出项目决策的相关信息，这会导致项目信息的不完整，从而出现各种项目风险。

（3）项目环境与条件的变化。

导致项目风险的第三个原因是项目及其面临的内外部环境的变化带来的不确定性。项目的环境和条件发生变化后，项目有必要进行一些相关的变动来适应其变化，这就导致了项目及其环境的各种变化所带来项目的不确定性。

1.2.3.3 特征

项目风险是一般风险中的一种特殊形式，不仅有一般风险的主要特征，而且具有其特殊性。具体如下：

（1）随机性。

项目风险是随机发生的，不能准确预测其内容和时间。基于长期的统计研究而发现的事物变化基本规律只是一种具有随机性的统计规律。项目风险的随机性使其危险性较大。

（2）相对可预测性。

项目风险不同所造成的影响也不同，需要对项目的不同风险进行预测和了解，才能有效地管理项目风险。但是因为项目的环境和条件处于动态变化中，人们的认知有局限性，所以不能够准确地识别和预测一个项目的所有项目风险，只能相对地预测项目风险的发展和变化。

（3）发生的渐进性。

大多数项目风险是基于项目条件、环境和固有规律逐渐演变的，不是突然发生的。一般来说，一个项目的环境以及内外部条件的发展变化会使项目风险的性质和大小发生改变。

（4）发展的阶段性。

通常来说项目风险是分阶段发展的，并且其边界、里程碑和项目风险迹象较为明确。项目风险的发展通常分为潜在项目风险阶段、项目风险发生阶段、造成后果阶段。项目风险的这一特征有助于人们对项目风险进行管理。

（5）突变性。

项目及其环境的发展变化可以是渐进的，也可以是突变的。突然改变的项目及其条件会对项目风险的性质和结果有较大的影响。项目风险的突变性体现在没有预警信息的项目风险。正是这一特性给项目风险的管理增加了难度。

1.2.3.4 分类

不同项目有不同的风险，处于风险不同阶段的项目，其表现形式也不同。为了全面地认识项目风险，以便采取有效的措施进行科学管理，需要基于系统的视角来科学地认识项目风险。依据不同的需求、观点以及标准，项目风险会被划分为不同的类别。总体而言，项目风险主要分为以下几类，如图 1-1 所示。

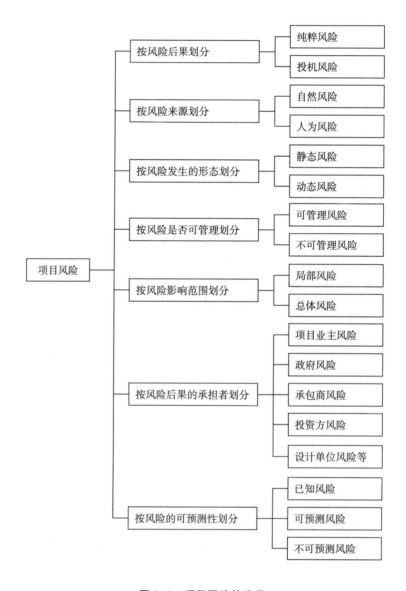

图 1-1 项目风险的分类

（1）按风险后果划分。

根据风险后果的不同将其划分为纯粹风险和投机风险。

1）纯粹风险是指不能带来机会、不能获利的风险。纯粹风险只能导致没有损失或者造成损失这两种结果。纯粹风险造成的损失是绝对的，也就是说整个社会因为活动主体蒙受损失而跟着受损。

2）投机风险是指既有可能带来机会、获利，又有可能隐含威胁、造成损失的风险。投机风险可能会导致没有损失、造成损失或者获得利益这三种后果。当一项活动由于投机风险受损时，整个社会并不一定受损，相反其他人甚至可能会从中获利。

在一定条件下纯粹风险和投机风险是可以相互转换的，项目管理人员需要尽量避免投机风险转化为纯粹风险。

（2）按风险来源划分。

根据项目风险来源或损失产生的原因可以将其分为自然风险和人为风险。

1）自然风险是指在自然力作用下财产毁损或人员伤亡的风险。

2）人为风险是由人的活动导致的风险。可细分为行为风险、经济风险、技术风险、政治风险和组织风险等。

行为风险是指由个人或组织的不当行为导致的财产毁损、人员伤亡的风险；经济风险是指由经营管理不善、市场预测不正确、价格波动、供求变化、通货膨胀、汇率变动等原因，造成经济活动中经济损失的风险；技术风险是指与科学技术发展相关的风险；政治风险是指由于政局变化、政权更迭、罢工、战争等引起社会动荡而造成财产损失和损害以及人员伤亡的风险；组织风险是指由项目相关方的关系不协调以及其他不确定性而引起的风险。

（3）按风险发生的形态划分。

根据风险发生的形态可以将其划分为静态风险和动态风险。

1）静态风险是指正常社会经济条件下的风险。简单来说，静态风险是由自然力量的不规则作用和人的误解以及不当行为而导致的风险。

2）动态风险是由社会经济变化直接引起的风险，即动态风险是由于社会环境、生产方式、工程技术、管理组织、人们的偏好等发生变化而引起的风险。特别是在当今环境下，由于社会经济、工程实践等因素的相互作用和影响，动态风险研究需要被重视。

（4）按风险是否可管理划分。

根据项目风险是否可管理将其划分为可管理风险和不可管理风险。可管理风险是指可以预测并且能够通过相应的方式进行控制，反之则是不可管理风险。能否控制风险的不确定性以及活动主体的管理水平高低决定着风险是否可以管理。可以通过获取相关资源、数据和其他信息来控制风险的不确定性。为了使不可管理风险转化为可管理风险，数据、材料和其他信息的积累以及提高管理水平是有必要的。

（5）按风险影响范围划分。

根据风险的影响范围可以将其划分为局部风险和总体风险。局部风险影响范围小，总体风险影响范围大，这两种风险是相对的。项目管理组织有必要更为关注总体风险。例如，项目所有的活动都可能被拖延，但是如果较为关键的活动被延迟的话，整个项目的完成日期就要被推迟，这就形成了总体风险。非关键路线上活动的延误通常是局部风险。

（6）按风险后果的承担者划分。

根据项目风险后果的承担者将其划分为项目业主风险、政府风险、承包商风险、投资方风险、设计单位风险等，该划分能帮助项目管理组织合理分配风险，提高项目对风险的承受能力。

（7）按风险的可预测性划分。

根据项目风险的可预测性可以将其划分为已知风险、可预测风险和不可预测风险。

1）已知风险是指通过分析项目和计划可以明确的那些常发生的且能够预测其后果的风险。已知风险发生的可能性高，但通常来说损失较少。在项目管理中具有代表性的已知风险有：过于乐观的进度计划、项目目标不明确或者施工变更等。

2）可预测风险是指该类风险的发生可以依据经验提前估计，但无法预测其结果，这种风险可能会造成很严重的后果。在项目管理中具有代表性的可预测风险有：分包商不能及时交工、仪器设备出现故障、业主不能及时审查批准等。

3）不可预测风险是指那些有可能发生的风险，但是发生的可能性不能被预测。这种风险也叫作未知风险或未识别的风险。它们是新的、以前未观察到或最近发现的风险。这些风险通常是战争、地震、政策变化和通货膨胀等外部因素导致的结果。

1.2.4 项目风险管理

1.2.4.1 含义

项目风险管理对于不同的组织和专业人员来说有着不同的理解。德国人早在"一战"结束时就为重建提出了风险管理。他们强调风险控制、风险分散、风险补偿、风险转嫁、风险预防、风险回避与抵消等。欧洲的一些其他发达国家直到20世纪70年代才接受风险管理的相关概念。

美国在20世纪50年代才转向全面风险管理。美国国防部认为风险管理是一种用来解决风险的实践或行动,比如制订风险问题计划、评估风险、创建风险处理选项、监控风险变化以及记录所有风险管理状态。

1.2.4.2 概念

从系统和过程的角度来看,项目风险管理是应用系统工程管理技术和方法的系统过程活动,是项目管理过程中的有机组成部分。美国项目管理学会认为风险管理有三个定义:

(1) 风险管理是一种形式化过程,用来识别系统和对风险因素进行评估。

(2) 风险管理是一种系统的、用于识别和控制能够引起不希望变化的潜在领域和事件的方法。

(3) 风险管理通过结合决策科学与艺术这两门学科,在项目实施期间对风险因素进行识别和分析。

综上所述,项目风险管理是指项目管理团队通过风险识别、量化和控制,采用不同的管理方法、技术和工具,有效地控制和管理与项目相关的各种风险,采取主动行动,最大化风险事件的有利结果,减轻风险事件带来的负面影响,确保以最低成本安全可靠地实施项目,以实现项目的总体目标。

项目风险管理的目标通常分为损失发生前目标和损失发生后目标,这两者组成风险管理的系统目标。其主要内容是控制和处理项目风险,预防和减少损失,减轻或消除风险的负面影响,尽量用最低的成本取得比较满意的项目安全保障结果,以保证项目的顺利进行。

项目风险来源、风险形成过程、影响区域、破坏力、潜在的破坏机制等较为复杂,由于单一的管理技术或工程技术、组织、财务以及教育等都有局限性,因此仅靠它们并不能完全奏效。所以风险管理是一种组织方法,用来识别和评估风险并建立、选择、管理和解决风险的可选方案。项目管理组织使用多种方法、手段和工具来帮助项目经理对项目风险进行管理和了解项目偏差，尽早采用相关的举措来修正，并以较低的成本最小化各种不利影响。项目风险管理是一个较为综合的管理活动，其理论与实践包括多个学科，通过使用概率论和数理统计或随机过程，来估计和评价风险的理论和方法。

项目风险管理的主体是项目管理组织。项目风险管理要求项目管理组织主动应对风险事件发生后出现的各种状况，而不是被迫应付。当项目管理人员处理复杂的、不同性质的多重风险时，需要着眼全局，抓主要矛盾。

项目风险管理以调查研究、调查和收集资料为基础，以及在必要时进行实验或试验。为了识别项目面临的风险，需要仔细研究项目本身和环境以及两者之间的关系。

风险管理包括风险规划、识别、估计、评估、应对、监控等环节。风险管理通过计划、组织、协调、控制等过程，综合合理地运用多种科学方法来识别、估计和评估风险，并提出应对办法，随时监控项目进度，注意风险动态，适当应对风险事件造成的不利影响。

1.2.4.3　项目风险管理的核心

项目风险管理的核心是三全管理，分别是全员管理、全过程管理和全要素管理。

（1）全员管理。

项目风险管理不仅要管理所有参与者，而且要求所有人员都要成为项目风险管理者的一员。项目风险管理包括对外部环境不确定性的管理，以及项目本身在规划、组织和协调等过程中产生的不确定性。因此，项目风险管理不只是项目风险管理职能部门的问题。

（2）全过程管理。

全过程管理指的是对整个项目风险过程的管理。包括项目实施前识别、估计影响项目的不确定因素，设计严格的项目风险管理措施，在项目实施过程中实际项目风险发生时的应急准备、危机管理以及发生项目风险后的补救方案设计和事后风险总结等一系列的项目风险管理过程。

（3）全要素管理。

项目风险管理过程不单纯追求单一目标，它是一个多目标的决策过程，它追求较短的项目工期、最低成本和最高质量，这是因为项目的工期、造价和质量是三全管理直接关联和相互作用的相关要素。

1.2.4.4　项目风险管理的阶段

项目风险管理分为潜在风险阶段、风险发生阶段、风险造成后果阶段。对风险的不同阶段的管理需要采取不同的风险管理方法。

（1）潜在风险阶段。

在此阶段，人们能够通过提前采取相关的措施来管理和控制风险的进程和后果，这通常被称为风险规避。

（2）风险发生阶段。

在此阶段，人们能够通过风险转化与化解的办法来管理和控制风险及其后果，这通常被称为风险化解。

（3）风险造成后果阶段。

在此阶段，人们可以通过采取消减风险后果的措施去减少由于风险的发生和发展所造成的损失。

1.2.4.5　项目风险管理的目标

分析项目风险管理目标的第一步是理解风险成本的相关概念。

风险成本（Risk Cost）：是指因为风险的存在和风险事故的发生使人们所必须支付费用的增加和预期经济利益的减少。一般分为有形成本、无形成本、预防或控制风险损失的成本。

（1）有形成本。

有形成本包括风险造成的直接损失成本和间接损失成本。

（2）无形成本。

无形成本包括风险对社会生产率、社会经济福利、社会再生产以及社会资源配置等方面的破坏后果。

（3）预防或控制风险损失的成本。

预防或控制风险损失的成本包括采取各种措施对风险损失进行预防和控制所需要支付的费用。

风险成本的特征如下：

（1）不确定性。

风险的不确定性导致风险成本具有不确定性。正是这一特征使管理风险成本有必要多加关注对不确定性风险成本的管理。

（2）分散和转移性。

风险是客观存在的，这就决定了风险成本是必然会发生的。风险越大、风险成本越高。虽然风险是不能够避免的，但是可以对风险进行防范与控制，也可以分散和转移风险成本。

（3）决策性。

风险成本是一个决策成本，风险决策以风险成本信息为基础。风险成本管理主要是提供有利于进行风险决策的信息。大部分情况下，在进行风险管理决策前，项目管理者要对事前估计的损失成本有所了解。这一特性决定了风险成本估计是组成风险成本决策管理的重要部分。

（4）目的性。

风险成本是一种"有意"成本，是为了得到未来的风险收益而愿意付出的代价，风险成本的这一特征通过权衡风险代价与收益，力争实现风险成本最小化以及企业的价值最大化。

项目风险管理的目标是通过识别、估计和评估项目风险，增加积极事件的概率和影响，降低消极事件的概率和影响，并应用不同的风险管理技术，期望以最小的风险成本实现最大的项目目标。如果项目目标不变，降低项目风险就代表着降低项目风险成本。

1.3　项目风险管理的基本过程

目前有关项目风险管理过程的观点并不一致，美国系统工程研究所（SEI）把项目风险管理的过程分为风险识别、风险分析、风险计划、风险跟踪、风险控制和风险管理沟通，如图1-2所示。

美国项目管理协会（Project Management Institute，PMI）制定的《项目管理知识体系指南（PMBOK指南）》（第六版）认为，项目风险的过程包含规划风险管理、识别风险、实施定性风险分析、实施定量风险分析、规划风险应对、实施风险应对、监督风险。

我国的毕星等编纂的《项目风险》将风险管理过程分为风险识别、分析与评估、处理以及监督四个阶段。

本书比对了各个观点，并依据我国项目风险的情况，决定将项目风险管理过程分为风险识别、风险分析、风险应对、风险监控四个步骤。

图 1-2 SEI 划分的风险管理过程

1.3.1 风险识别

风险识别是管理风险的第一步，即对整个项目过程中可能存在的风险进行识别。通常是根据项目的性质、潜在的事件、可能产生的后果、潜在的后果及其产生的原因来检查风险，收集、整理项目可能的风险并对各方意见进行充分征求后形成了项目的风险列表。

1.3.2 风险分析

项目的风险列表确定之后要进行风险分析。风险分析的目标是明确每个风险对项目的影响大小，一般需要对已经识别出来的项目风险进行量化估计，这要求项目管理人员了解风险影响、风险概率以及风险值的相关内容。

（1）风险影响。

风险影响是指风险一旦发生对项目可能造成的影响的大小。因为直接估计损失的大小较为困难，可以通过分解损失以便于评估。风险影响可用相对数值表示，可以将损失大小折算成对计划影响的时间表示。

（2）风险概率。

风险概率用风险发生可能性的百分比表示，较为主观。

（3）风险值。

风险值是评估风险的重要参数。其计算公式为：

风险值＝风险概率×风险影响

1.3.3　风险应对

完成风险分析后就可以确定项目内的风险、发生的概率以及风险对项目的风险冲击，并分配风险优先级。然后，有必要进行风险应对，即依赖于风险性质和项目来制订有关风险承受能力的防范计划。制定风险应对策略需要将可避免性、可转移性、可缓解性和可接受性纳入考虑范围。采用哪一种项目开发计划取决于风险应对策略。在制定项目策略和计划时应当考虑需要"规避"或"转移"的风险。

确定风险的应对策略后，就可编制风险应对计划，其主要内容有：已识别的风险及其描述、风险发生的概率、风险应对的责任人、风险应对策略及行动计划、应急计划等。

1.3.4　风险监控

风险会在项目推进过程中增加或减少，所以制订风险应对计划后，在实施项目的过程中，仍然有必要对风险的发展和变化进行监督，识别由某些风险消失而带来的新风险。

风险监控包含两方面内容：一是时刻监督已识别风险的发展和变化，包括整个项目周期中风险产生条件和影响结果的变化，并对风险减缓计划的需求进行衡量。二是基于风险的变化情况及时调整风险应对计划，并及时识别和分析已经发生的风险、遗留风险和新产生的风险，还要采取相应的举措，还需要及时调整风险监控清单中已发生和解决的风险。

风险管理过程是持续的，这是因为风险贯穿了整个项目生命周期。建立良好的风险管理和依据风险进行决策的机制可以保证项目的顺利进行。风险管理是项目管理流程和规范的重要组成部分，明确风险管理职责与岗位要求人员制定好风险管理规则，做好风险管理的基本保障。同时，扩大风险数据库，更新风险识别检查清单，注重对项目风险管理经验的积累和总结，是提高风险管理水平的重要动力来源。项目风险管理具体过程如图 1-3 所示。

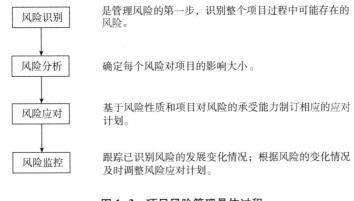

风险识别	是管理风险的第一步,识别整个项目过程中可能存在的风险。
风险分析	确定每个风险对项目的影响大小。
风险应对	基于风险性质和项目对风险的承受能力制订相应的应对计划。
风险监控	跟踪已识别风险的发展变化情况;根据风险的变化情况及时调整风险应对计划。

图 1-3　项目风险管理具体过程

1.4　相关案例

某联合体承建非洲公路项目[①]

背景:我国某工程联合体承建非洲某公路项目时,由于风险管理不当,使工程严重延迟,亏损严重,同时也对中国承包商的声誉造成了影响。

在项目实施的四年多时间里,尽管中方投入了大量的人力、物力,但是由于其他种种原因,实物工程量在合同到期时只完成了35%。合同到期后,项目业主和监理工程师单方面启动了延期罚款,金额高达5000美元/天。我方承包商为了维护国家和企业的利益以及避免国有资产的进一步流失,在我国驻该国大使馆和经商处的指导和支持下积极开展外交活动。次年2月,业主致函我方承包商同意延长3年工期,并不再进行工期罚款,前提是我方承包商必须出具由当地银行开具的近1150万美元的无条件履约保函。因为该无条件履约保函金额过大,又无任何合同依据,并且业主对涉及工程实施的重大问题未进行回应,所以出于保证公司资金安全,维护我方利益的考虑,中方不同意出具该保函,而用中国银行出

① 案例来源:朱玄易.项目风险管理概述及案例分析[J].企业改革与管理,2019(16):16-17.

具的 400 万美元的保函来代替。但是由于项目业主不认可政府对该项目的干预，3 月，业主以我方企业不能提供所要求的履约保函为由，致函终止了与中方公司的合同。基于此，中方公司积极采取措施并委托律师，争取安全、妥善地处理好善后事宜，力争把损失降至最低，但最终结果目前尚难预料。

该项目的风险主要有：

（1）该国政府要求必须在进行环保评估后才能开始施工，且政府机构办事效率低下；此外，当地天气条件恶劣，导致一年只有 1/3 的可施工日；项目所在地土地全部为私有，复杂的土地征用程序及纠纷问题，常常发生地主阻工事件，当地工会组织活动频繁等事件增加了项目风险。

（2）我方公司在招投标前期没有做足充分的准备，未能够深入熟悉和研究招标文件，未能全面地考察现场，对项目风险的认识不足，低估了项目的难度和复杂性，没能够有效地预测和预防那些可能造成工期严重延误的风险，这些造成了投标失误，从而导致项目的最终失败。此外，由于我方承包商在项目执行过程中没有有效地进行内部管理，粗暴使用设备，质量管理、保证体系未能建立，现场人员的素质不能满足要求，继续沿用国内模式管理现场组织，与该国的实际情况不切合，这些对项目质量也产生了一定的影响。这一切都导致项目进度严重滞后，成本大大超支，工程质量也不尽如人意。

结论：虽然有许多不利于项目进行的客观因素，但是其失败的主要原因还是在于承包商的失误，而这些失误主要源于没有做足充分的前期工作，特别是风险识别、分析管理过程不够科学。尽管在国际工程承包中价格因素极为重要，而且由市场决定，但可以说，承包商风险管理及随之的合同管理的好坏对企业的盈亏有直接影响。

1.5　本章小结

本章首先简要概述了项目风险管理的历史与发展过程，之后详细介绍了风险、项目、项目风险和项目风险管理的相关内容，了解了前三者的特征；其次基于不同的标准对项目风险做了细致的分类；最后对项目风险管理的核心、阶段以及目标做了简单的说明等。

项目风险管理是一个持续的过程，是项目管理流程和规范的重要组成部分。其基本过程主要包含风险识别、风险分析、风险应对和风险监控，其中进行风险管理的第一步是风险识别。项目的成功进行需要建立良好的风险管理和依据风险进行决策的机制。本章最后给出一个具体案例：某联合体承建非洲公路项目，通过阅读该项目背景来分析这个案例所面对的项目风险。

思考题

1. 简述风险、项目、项目风险和项目风险管理的含义以及这四者之间的关联。

2. 简述风险和项目风险的特征，分辨两者的相同点和不同点。

3. 常见的项目风险分类有哪几种？分别是依据什么来分类的？

4. 简述项目风险管理的核心、阶段以及目标。

5. 简述项目风险管理的基本过程及其重要性。

6. 项目风险管理的首要任务是什么？为什么项目风险管理是一个持续的过程？

第 2 章　项目风险管理规划

本章导航

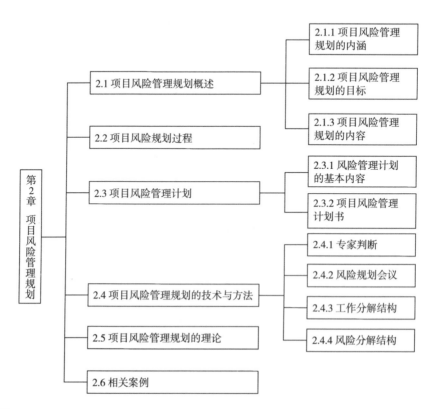

2.1　项目风险管理规划概述

规划在管理职能中是非常重要的一环，关系到组织的各项活动，规划工作质量的好坏同时体现了一个组织管理水平的高低。规划方法和技巧的必要性不仅是项目风险管理人员的必备技能，而且是项目管理人员提高项目风险管理效率的基本保证。

本章主要介绍项目风险规划管理的概念内涵、规划过程、管理计划、规划技术和工具以及相应的项目风险管理理论。

2.1.1　项目风险管理规划的内涵

项目风险管理规划是指在项目的早期阶段或正式启动前，从整体的角度决定采取什么样的项目风险管理行为，是风险管理过程中对风险的识别、评估、应对和监管控制的一项总体规划，形成一整套全面协调的战略与方法，并最终形成文件。

PMBOK 指南认为，项目风险规划（Project Risk Planning）是项目风险管理的一整套计划。该计划是对项目团队和成员的风险管理行动计划和模式的定义，涵盖了选择合适的风险管理方法、确定风险判断依据等内容。

项目风险管理规划过程应该在项目构思阶段开始，在项目规划阶段的早期完成。因为其是一个动态和不断迭代的过程，所以要求管理者灵活运用，主要包括项目风险评估、项目风险控制、项目风险监控和记录的多种活动。其结果是给出一份项目风险规划书，主要内容包括确定合适的项目风险管理方法，明确各项目团队成员所要承担的项目风险管理职责，计算项目风险管理的预算和时间安排等。

2.1.2　项目风险管理规划的目标

形成项目风险管理计划书是项目风险管理规划的最终目标，主要包括如下四个方面：

（1）明确项目风险管理的目标并确保与项目总体目标的一致性。

（2）制订系统的、综合的、迭代的项目风险管理计划和资源计划。

（3）尽可能消除或降低项目风险。

（4）落实各级风险管理职责。

2.1.3　项目风险管理规划的内容

项目风险管理规划的内容主要包括：

（1）方法。

选择风险管理过程中使用的方法、工具和数据信息，依据团队成员的知识水平、管理水平、团队文化氛围以及团队应对项目风险的能力与资源等实际情况，这些内容可根据项目进程及风险管理评估的情况做相应的调整改动。

（2）人员。

在风险管理活动的过程中，需要明确领导者、跟随者和参与者的角色定位、任务分工、各自的职责和能力要求。个人管理风险的能力各不相同，但为了有效地管理风险，项目管理人员必须至少具备一定的管理能力和技术水平，并达到整体优化的效果。

（3）进度安排与周期。

定义项目生命周期内风险管理过程的运行阶段以及过程评估、控制和变更的周期或频率，制定项目风险管理进度计划和项目风险管理报告的进度计划，以确保项目风险管理的及时性和有效性。

（4）类型级别及说明。

定义并说明项目风险评估和风险量化的类型级别，明确项目风险的分类要求、等级标准、评价准则及评价范围。

（5）基准。

明确界定由谁及如何采取风险应对行动，合理的定义可以度量项目团队实施风险应对计划的有效性，避免项目相关方对项目内容的理解出现偏差。

（6）沟通方式。

在整个风险管理过程中，定义团队与项目负责人之间沟通的内容、范围、渠道和方式。

（7）动态跟踪。

规定如何记录和监控正在进行的项目风险和风险管理过程。这些动态数据可以有效地用于监管当前项目，并对已经结束的项目管理总结经验教训和指导未来的项目管理。

2.2　项目风险规划过程

根据项目风险管理实践经验，可以从内部和外部两个角度来看待项目风险规划过程：内部角度主要说明用机制将输入转变为输出的过程活动；外部角度主要说明过程控制、输入、输出和机制。

根据 PMBOK 指南建议，项目风险规划过程的定义参见图 2-1 所示的 IDEFO 图。IDEFO 是一个标准过程定义的符号表示法，主要用于为可预见的项目风险行动计划描述可重用的过程组件。图 2-1 描述了过程的控制、输入、输出和机制。项目风险规划包括将输入转化为输出所涉及的所有活动。控制（顶部）调节流程，输入（左侧）进入流程，输出（右侧）退出流程，机制（底部）支持流程。

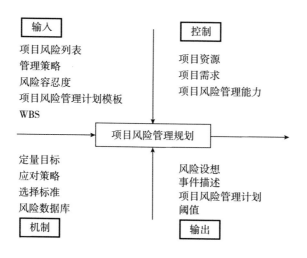

图 2-1　项目风险规划过程

2.2.1　过程输入

项目风险列表、管理策略、业主的风险容忍度、项目风险管理计划模板、WBS 等组成了风险规划过程的输入。风险管理规划的依据主要有：

（1）项目规划中风险管理政策。

（2）项目团队及个人的风险管理实践经验。

（3）决策者、责任方及授权情况。

（4）项目利益相关者对项目风险的偏好、敏感性。

（5）可获得的数据及信息管理系统情况。风险识别、评估及应对方式依赖于大量的数据和完整的信息系统。

（6）风险管理模板。风险管理模板是项目经理及项目团队对项目进行管理，使风险管理的标准更加统一，流程更加规范，同时项目风险管理的模板也应该在应用过程中继续改善。

2.2.2　过程输出

项目风险规划过程的输出主要包括项目风险设想、事件描述、阈值和项目风险管理计划。项目风险设想是对导致不满意结果的事件和情况的假设。事件描述是对导致项目风险发生时不可避免的结果和使未来事件成为可能环境的描述。阈值被定义为项目风险发生的征兆，预先确定的阈值可以被用作需要实施风险行动计划的警告。

项目风险管理计划是项目风险管理的指导说明书，它告诉项目管理组织怎样把项目从当前状态达到所期望的未来状态。做好风险管理计划，关键是要掌握必要的信息，使项目组织能够了解目标、目的和项目风险管理过程。项目风险管理计划有些方面可规定得很具体，如政府和承包商参与者的职责、定义等。而有些方面可规定得笼统些，让使用者能够选择最有效的实施方法。例如，关于项目风险评估方法就可以提出几种建议供评价者在评估项目风险时选用，因为每一种方法都有其所长，亦有其所短，要视具体情况而定。

项目风险管理计划规定了项目风险记录所选的途径、所需的资源和风险应对的管理程序。

2.2.3　过程控制

项目风险规划过程是在项目资源、项目需求和项目风险管理能力的约束条件下进行。项目资源涉及人、财、物、时间和信息等，正是因为项目资源是有限稀缺的，项目风险规划就变得十分必要，同时也会造成一定的项目管理风险。例如，人员不够时，项目管理之间的互动会因为无法充分开展而主动减少；财物保障不足时，项目管理者可能会降低项目质量。项目的需求也影响着项目风险规划，如模糊的需求会降低项目风险规划的有效程度。项目风险管理能力决定着项目风险规划的科学性和可操作性。

2.2.4 过程机制

项目风险管理过程需要用到定量目标、应对策略、选择标准和风险数据库。因而过程机制需要为项目风险管理过程活动提供这些方法、技巧、工具或其他手段。定量目标表示量化的项目风险目标；应对策略有助于确定应对项目风险的替代方法；选择标准指的是在项目风险管理过程中制定策略；项目风险数据库包含项目风险行动计划；等等。

2.3 项目风险管理计划

项目风险管理规划的最终任务是形成一份项目风险管理计划文件。在制订项目风险管理计划时，高层管理人员的愿景往往会超出项目现有的实际风险管理能力范围。项目风险形势估计、风险管理计划和风险规避计划是项目风险管理计划文件中的主要内容。

在项目风险管理规划阶段，项目风险形势估计应随风险分析的结果而改进。在改进过程中，首先应该考虑项目风险规避策略的有效程度，同时关注这些策略可能产生的成果。项目风险形势估计将确定风险规避策略的目标，通过采取相应的策略和措施，对选择的应急备用措施进行评价。在实施项目风险规避策略过程中所使用的资金的效价水平也是项目风险形势估计需要去评价的。

项目风险管理计划要求是动态调整的，因此绝不能把它当作一个静止的文件去形成一个静态的方案。

2.3.1 风险管理计划的基本内容

如何将风险分析和管理步骤正确地应用于项目中是风险管理计划主要描述的两个方面，这是风险管理计划在风险管理计划文件中控制作用的体现。该文件应详细描述风险识别、风险估计、风险评价和风险控制的各个过程。对于整个项目风险评价的基准就是在风险管理计划中需要被明确给出，同时计划也要说明应采用何种方法以及如何参照这个基准来评价项目的总体风险。风险管理计划的一般格式如表 2-1 所示。

表 2-1　风险管理计划

1 描述	3.3.1　适用的技术
1.1　任务	3.3.2　执行
1.2　系统	4 应用
1.2.1　系统描述	4.1　风险辨识
1.2.2　关键功能	4.2　风险估计
1.3　要求达到的使用特性	4.3　风险评价
1.4　要求达到的技术特性	4.4　风险监控
2 工程项目提要	4.5　风险应对
2.1　总要求	4.6　风险预算编制
2.2　管理	4.7　偶发事件规则
2.3　总体进度	5 总结
3 风险管理途径	5.1　风险过程总结
3.1　定义	5.2　技术风险总结
3.1.1　技术风险	5.3　计划风险总结
3.1.2　计划风险	5.4　保障性风险总结
3.1.3　保障性风险	5.5　进度风险总结
3.1.4　费用风险	5.6　费用风险总结
3.1.5　进度风险	6 参考文献
3.2　机制	7 批准事项
3.3　方法综述	

2.3.2　项目风险管理计划书

在对风险因素进行全面分析评估后，能否制定有效的管理方案决定着项目风险管理工作的成败。因此，方案应该是翔实、全面且有效的，包括风险管理方案的制定原则和框架、风险管理的措施和工作程序等。

2.3.2.1　项目风险管理计划书的制定原则

（1）可操作、适当性、有效性原则。

面对我们已经识别出的风险源头，需要制定可操作的策略，适当的、有效的管理策略能带来管理效率和效果的明显提高。

（2）成本控制、合理性、先进性原则。

管理方案涉及的多项工作和措施都应在一定管理成本下进行，高超的风险管理水平有助于管理过程中的信息无阻碍流动、方法更加简洁、手段更加先进。

（3）主动、及时性、全过程原则。

项目的全过程建设期共有三个阶段：前期准备阶段、施工及保障阶段、生产运营阶段。贯穿全过程风险管理的主要原则是：根据外部和内部发展变化的环境条件和不断出现的新情况、新问题，遵循主动控制、事先控制的管理思想，及时实施应对措施，调整现有的管理方案，才能充分体现风险管理的特点和优势。

（4）综合性、系统性、全面性原则。

项目风险管理的一大特点就是具有极强的系统性、综合性，因为其产生的原因复杂，后果影响面广，所以综合性的处理措施是全面彻底地降低乃至消除风险因素影响的关键。必须从更综合、更系统的角度去动员各方力量，科学明确地落实风险责任，建立风险与利益的共同体和一整套全面的项目风险管理体系，风险管理工作才能具有针对性和有效性。

2.3.2.2 项目风险管理方案计划书内容框架

（1）项目整体情况。

（2）项目风险识别（风险归类、源头、预计发生时间和地点、涉及范围等）。

（3）项目风险分析与评估（发生的可能性、后果程度的预测、综合评价等）。

（4）项目风险管理的组织结构（设立决策机构、管理流程设计、职责分工、工作标准拟订、建立协调机制等）。

（5）项目风险管理工作的检查与评估。

2.3.2.3 项目风险管理的综合性措施

（1）经济方面管理措施。主要有合同方案设计、保险方案设计和管理成本核算。

（2）技术方面管理措施。应体现可行、适当性、有效性原则，主要有预测技术措施，包括选取何种模型、进行误差的分析以及评估方案的可靠性；决策技术措施，就是制定决策程序和准则，对决策可靠性做预评估和效果评估；技术可靠性分析，涵盖了建设技术的把控，追踪生产工艺方案以及检查维护保障技术。

（3）组织方面管理措施。主要是贯彻综合性、系统性、全面性原则和成本控制、合理性、先进性原则，包括管理流程设计、组织结构确定、管理制度和标准制定、人员选配、岗位职责分工、落实风险管理的责任等。在互联网技术发展的背景下，还应提倡推广使用风险管理信息系统等现代管理工具和手段。

2.4 项目风险管理规划的技术与方法

2.4.1 专家判断

为了进行科学的、全面的项目风险管理规划，编制具体、可操作的项目风险管理计划和项目风险应对计划，应向具备特定培训经历或专业知识的小组或个人征求意见。专家团体一般是一些高层管理人员、项目利益相关者、在相同领域项目上有工作经验或经历的项目经理、行业团体或顾问和专业技术协会。

2.4.2 风险规划会议

项目团队需要召开风险规划会议，来进行项目风险管理规划。项目经理和项目利益相关者、组织中负责管理风险规划和应对活动的人员，以及其他相关人员均可参会。风险规划会议具体内容如下：

（1）确定风险管理活动的整体实施计划。

（2）确定用于风险管理的成本种类和进度活动，并将其分别纳入项目的预算和进度计划中。

（3）建立或评审风险应急储备的使用方法。

（4）明确落实风险管理职责，并根据具体项目的需要来整合组织中有关风险类别和术语定义等的通用模板。

如果组织中缺乏可供风险管理其他步骤使用的模板，风险规划会议也可能要制定这些模板。这些活动的输出将最终汇总在风险管理计划中。

2.4.3 工作分解结构

工作分解结构（Work Breakdown Structure，WBS）是以可交付成果为导向的层级分解。其分解的对象是项目团队为实现项目目标、提示所需可交付成果而实施的工作。WBS归纳和定义了整个项目的工作范围，每下降一层级代表对项目工作更详细的定义。WBS总是处于计划过程的中心，是制订进度计划、资源需求、成本预算、风险管理计划、采购计划等的重要基础，同时也是控制项目变更的重要基础。项目范围是由 WBS 定义的，所以 WBS 也是一个项目的综合工具。

2.4.4　风险分解结构

风险分解结构（Risk Breakdown Structure，RBS）是按风险类别和子类别来排列已识别项目风险的一种层级结构图，用来显示潜在风险所属领域和产生原因。

RBS 通常依据具体项目类型定制，不同的 RBS 适用于不同类型的项目和组织。使用 RBS 的一个好处是，提醒风险识别人员风险产生的原因是多种多样的。RBS 是在 WBS 的基础上，专门针对项目在各层级的风险因素而进行归纳的方法，已经作为一种项目风险管理规划的辅助工具得到广泛应用。

2.5　项目风险管理规划的理论

在项目风险管理的早期研究中，风险控制是主要的关注点，Berry Boehm 风险管理模型和持续风险管理模型等都是在这方面形成的成果。从全生命周期的角度研究项目风险规划，就要从全面项目管理理论的提出开始，这其中主要的理论有 Riskit 风险管理模型、IEEE 风险管理模型、CMMI 风险管理模型和 PMBOK 风险管理模型等。

2.5.1　Berry Boehm 风险管理模型

1991 年，Boehm 在其"螺旋模型"的基础上提出了一种新的风险管理模型，被称为 Berry Boehm 模型。"螺旋模型"是巴利·玻姆（Berry Boehm）在 1988 年结合了瀑布模型和快速原型模型，针对软件系统开发的模型，它强调了其他模型所忽视的风险分析，特别适合于大型复杂的系统。"螺旋模型"由风险驱动代替文件驱动，强调可选方案和约束条件，从而支持软件的重用，有助于将软件质量作为特殊目标融入产品开发之中。

Berry Boehm 模型首次正式阐述风险管理步骤，将风险管理过程归纳为两个基本步骤：风险评估和风险控制。风险评估包括了风险识别、风险分析和风险重要性排序；风险控制主要是风险管理计划、风险应对和风险监控。

Berry Boehm 风险管理模型还总结提出了十大风险列表，整个模型的核心就是维护和更新十大风险列表。他通过对一些大型项目进行调查，总结出软件项目十大风险列表，包括以下内容：

（1）人员短缺。

（2）不切实际的工期和预算。

（3）不合时宜的需求。

（4）开发了错误的软件功能。

（5）开发了错误的用户界面。

（6）过高的非实质性能要求。

（7）接连不断的需求改变。

（8）可外购部件不足。

（9）外部已完成任务不及时。

（10）实时性能过低和计算机能力有限。

在软件项目开始时，归纳出现在项目的十大风险列表，在项目的生命周期中定期召开会议去对列表进行更新、评比。

Berry Boehm 模型将风险管理规划的实施分为三个步骤：

（1）通过定义建立十个处理普遍风险最为有效的风险管理技术。

（2）为每个风险项目制订一份风险管理计划。

（3）合并所有单份的风险管理计划，形成一个全局风险管理规划。

该模型的优点就是对风险控制制订了极其详细的计划，根据不同的风险因子采取不同的应对措施。缺点是只关注风险控制，未涉及风险评估，从而未能站在项目整体的角度来规划风险管理过程。

2.5.2 持续风险管理模型

美国软件工程研究所（Software Engineering Institute，SEI）作为世界上著名的、旨在改善软件工程管理实践的组织，也对风险管理投入了大量的热情，对安全软件的风险进行了长期的研究，于 1996 年提出了持续风险管理模型（Continuous Risk Management，CRM）。

CRM 要求在项目生命期的所有阶段都关注风险识别和管理。它将风险管理划分为五个基本活动：风险识别、风险分析、风险计划、风险跟踪和风险控制。

同时强调了这是一个在项目开发过程中反复持续进行的活动序列。每个风险因素一般都需要按顺序经过这些活动，但是对不同风险因素开展的不同活动可以是并发的或者交替的。

（1）风险识别。

在风险转变成为问题前识别风险。依靠问卷完成，问卷共有大概 200 个问题，一共涉及 13 个主要领域。

（2）风险分析。

通过评估风险的影响、可能性、耗费时间，对风险进行分类和排序。侧重于理解每个风险在该项目中的发生概率和后果严重性，从而产生最严重的十大风险问题。

（3）风险计划。

在风险信息的基础上做出决策，采取行动。需将如下内容文档化：风险管理步骤的描述、负责人及其职责、行为执行和完结的时间，并且确定风险处理的优先级，制订整体的管理计划。

（4）风险跟踪。

监控风险状态和风险管理效果。获取、整理并汇报十大风险问题当前的状态，其目的是收集精确、及时和相关的信息，并将它们表达成容易理解的方式提交给负责人。

（5）风险控制。

校正风险管理计划中出现的偏差。根据风险及其缓解计划进行及时而有效的决策，具体操作包括分析风险跟踪阶段产生的风险状态信息，明确决定采取什么行动去实现它们。

2.5.3　Riskit 风险管理模型

Riskit 风险管理模型是 1997 年由美国马里兰大学高级计算机研究所和计算机科学部提出的。Riskit 风险管理模型的步骤包括风险管理要求定义、目标审查、风险识别、风险分析、风险控制计划、风险控制和风险监控七个步骤。

Riskit 风险管理模型的主要特点如下：

（1）提供精确且明确的风险定义。

（2）对影响项目的目标、约束和其他驱动因素进行明确定义。

（3）采用图形化的工具（Riskit 分析图）对风险建模，对记录下的风险定性。

（4）能够使用比率测度和顺序测度的风险级别信息，对风险进行排序。

（5）使用效率损失的概念对风险造成的损失进行分级。

（6）专门针对不同利益相关者的观点有明确的模型。

（7）具有可操作的定义和培训支持。

2.5.4 IEEE 风险管理模型

IEEE 风险管理模型是美国电气及电子工程师学会于 2001 年提出的，它强调在项目生命周期内进行持续的风险管理以及对风险管理过程的评估和改进。制定风险管理决策、计划风险管理、实施风险管理、风险分析和评估风险管理共同构成了 IEEE 风险管理模型的整体框架。

IEEE 风险管理模型的特点在于不再重点关注风险管理本身，而更加注重从风险的识别、监控等单个风险管理步骤转移到风险管理过程的管理上，包括了制订计划及评估风险管理过程工作本身。

2.5.5 CMMI 风险管理模型

CMMI 风险管理模型是卡内基梅隆大学软件工程所的能力成熟度综合模型（Capability Maturity Model Integration，CMMI）产品小组于 2002 年提出的，该模型也认为风险管理是一个持续的过程，而且认为风险管理是商业和技术管理过程的重要部分。CMMI 风险管理模型提出了非常重要的极限值概念，通过极限值来决定风险是否可以接受、风险的优先级、管理活动是否被触发等。

CMMI 风险管理模型包括风险管理准备、风险识别和分析、处理已识别风险、制度化已定义的过程共四个步骤。

2.5.6 PMBOK 风险管理模型

美国项目管理协会（Project Management Institute，PMI）自 1996 年出版《项目管理知识体系指南（PMBOK 指南）》（以下简称《PMBOK 指南》）以来，分别进行过 5 次修订。从第 1 版到第 6 版，每一版《PMBOK 指南》都对风险管理模型进行了完善和优化。PMBOK 风险管理模型优化过程如表 2-2 所示。

表 2-2　PMBOK 风险管理模型优化过程

《PMBOK 指南》		1996 年第 1 版	2000 年第 2 版	2004 年第 3 版	2008 年第 4 版	2013 年第 5 版	2018 年第 6 版
风险管理模型		风险识别 风险量化 风险对策研究 风险对策实施控制	风险管理计划 风险辨识 定性风险分析 定量风险分析 风险响应计划 风险监控	风险管理规划 风险识别 风险定性分析 风险定量分析 风险对策规划 风险检测与控制	规划风险管理 识别风险 实施定性风险分析 实施定量风险分析 规划风险应对 监控风险	规划风险管理 识别风险 实施风险定性分析 实施风险定量分析 规划风险应对控制风险	规划风险管理 识别风险 实施定性风险分析 实施定量风险分析 规划风险应对 实施风险应对 监督风险

2.6 相关案例

A 电脑项目风险管理解决方案及应用①

1. 背景材料

电脑产品的开发和研制过程自始至终充满了错综复杂的矛盾和大量的不确定性，根据不同的风险特性和业务活动情况，我们将产品研发业务分成产品启动阶段、制订计划阶段、具体实施阶段和收尾阶段。每个阶段的风险的具体特征如下：

（1）产品启动阶段，不能准确确定目标客户群，使整个产品的设计理念和设计方向偏移了实际的市场需求，或者由于对市场的变化不敏感，在产品启动阶段发现其他公司的相似或更先进设计理念的产品已经上市。

（2）制订计划阶段，项目管理人员与项目实施人员之间不充分的沟通，或未能准确判断预估项目中出现的风险问题，造成项目计划偏离了实际操作方式。

（3）具体实施阶段，出现的问题一般比较复杂，包括经济方面的风险问题、技术方面的风险问题，以及其他的一些不确定的社会或人为的风险问题。

（4）收尾阶段，少量的风险仍然无法避免。

所以说，产品研制从启动、制订计划、具体实施到收尾的过程中，一直存在着风险问题，也一直存在着项目中止的可能性。项目的不同阶段会有不同的风险。实时监控、迅速了解并解决风险问题是保证项目实施的关键。

2. A 电脑项目风险管理计划方案

记录和处理在项目运行中出现的问题是十分必要的。消费电脑事业部针对这个问题，在产品的研发阶段曾经开发过相应的 B/S（Browse/Server）架构的小软

---

① 本案例改编自联想项目风险管理解决方案及应用。

件，建立了一个内部平台来展示产品研发中出现的问题，均由工程师进行记录。其中，主要记录问题出现的相关部件、时间和处理手段，方便相应的项目团队和决策人员迅速解决时查阅项目中出现的风险问题。但是，在实地考察软件的使用情况后，我们发现工程师认为该软件作用有限，体现在以下三个方面：

（1）没有评估问题的风险程度。每个问题的出现对整个项目造成的影响一般来说并不是相同的，在该软件中没有对风险程度的评估。

（2）角色与信息之间的模糊对应关系。每个工程师对工作部件的问题以及对本部件会产生影响的其他部件问题更为重视；项目管理人员会站在项目完成的角度上，对某些关键部件（计划中处于关键路径上的部件）的关注程度较高；对于项目决策人员而言，需要的是经过总结且有助于决策的文件。在上述方案中没有相应的规划工作。

（3）部件问题对项目中任务的地位不明确。在部件研发的生命周期内，不同的生命阶段中会出现不同的风险，风险造成的影响也将是不同的。针对以上出现的不足，我们保持了 B/S 架构体系，重新规划风险问题，以期满足不同角色的需要，给出了如下的风险记录和解决的设计方案。

首先，确定风险问题的定位。一般而言，一个项目的风险主要体现在项目中的任务是否能如期完成、资源是否能合理使用等问题上。简言之，项目风险与项目任务不可分割。所以，我们在软件中引入工作分解结构（Work Breakdown Structure，WBS）字典的概念，为消费产品的研制制定 WBS 字典，将产品研制过程中的项目交付给成果分成更小的、更容易管理的单元。伴随着 WBS 字典的发布，目前运行相关的项目任务将是 WBS 字典的一个子集。所以，将项目任务中出现的风险与相关的任务紧密衔接，构成同一个任务的目前出现的所有风险问题的集合，简称风险集。这样做的另一个好处是所有正在运行或已经结束的项目中出现的风险问题将会存放在相应的 WBS 单元中。如此，我们不但可以在本次项目运行的各阶段中递交目前的风险问题，还可以查阅以前项目相应单元中出现的风险问题，有利于风险的规避和应对。

其次，不同的风险对项目所起的作用和影响均不同，所以，应该存在风险的量化问题。目前阶段，为便于处理风险问题，我们简单地给出了一种二维量化标准。用延期可能性、风险危害程度这种二维数组表征风险问题。其中，延期的可能性根本问题出现的可能性，由工程师填入相应的百分比数字。而风险的危害程度分成高、中、低三部分，分别应对整个项目造成延期的可能性，对本部分造成延期的可能性和对本次任务造成延期的可能性。当然，由于风险的本身特性和消费产品研制的过程中出现的不确定性因素太多，如何界定当前风险的危害程度，目前还没有一个数学方案，还依赖有经验的工程师的决断。

最后，不同角色的项目参与人，在项目中所处的地位不同，对风险的认识也有所不同。部件工程师关注的是单个部件的风险问题，项目管理者关注的是造成项目延期最大可能性的问题，而决策者关注的是风险可承担性的问题。

工程师发现在部件的研发过程中出现某个问题，可能引起该阶段任务的完成时间延迟，则必须向项目管理人员说明这种风险问题的后果、造成后果的可能性以及风险的严重性等风险属性，同时，为便于知识的积累，还应提供相应的解决方案。在收到来自工程师的风险评估报告后，项目管理人员首先判断该部件的运作是否处于关键路径上，对项目整体造成的影响和对其他部件造成的影响会有多大，能够按时解决的可能性有多大。定期提交给项目决策人员综合其他风险问题的风险评估报告，使项目决策人员能实时准确了解项目运作中出现的风险问题，有针对性地制定决策方案。对于项目决策人员而言，收到的信息应该是经过项目管理人员提炼之后的数据信息，知道项目进度正常与否、风险是否在可控范围内即可。

3. A 电脑项目风险管理计划的实现

在方案实施过程中，最重要的两个概念就是风险量化和定制化界面，用不同的符号标注不同的风险，使角色与信息之间模糊的对应关系明确起来，使不同的项目角色能对不同的风险问题做出迅速的反应，快速解决项目风险问题。详细说明如下：工程师页面中要求录入的内容与第一版的软件相比，改动内容不大。但主要是为满足部件之间的配置管理以及风险量化管理，做出如下补充：

（1）可定制显示其他相关联部件的风险问题信息。

（2）将项目中出现的问题集与 WBS 单元结合，选择相应的项目任务填写出现的问题。

（3）对应每种风险要求提交相应的风险度，即延期可能性、风险危害程度。项目管理人员需要全面监控和协调项目中出现的不确定性问题，所以，项目管理人员需要时刻关注项目运行的进度和可能或已经出现的风险问题。在项目管理人员的进度—风险图中，最重要的是风险量化概念。将风险问题用四种色彩标识出来，其中，红色表示严重的风险问题，需要给予足够的重视，否则会引起项目重大变更；黄色表示中度风险问题，影响范围相对小一些；绿色表示风险问题在可控制范围内，造成的影响不大。对各种风险问题，一经解决，改用蓝色标识，以示区别。同时，在图中用进度条标识项目目前运行的阶段。将项目进度问题与项目中风险问题衔接起来，项目管理人员可清晰地了解目前项目运作状态以及项目中出现的问题。

项目决策人员可以不需要对项目中出现的具体问题有清晰而深刻的理解，项目能否按计划正常实施才值得他们去重点关注。因此，图形化的界面只需显示项目的进度以及项目各阶段的风险数量和项目风险的评估等级。详细的总体风险评估由项目管理人员提交相应的备注文件说明。

在此提出的风险解决方案是我们结合消费产品研制现状和项目组成员的需求制定出来的。实践证明，该套方案能满足目前我们对风险管理的需要，可以将一些不确定性问题挖掘出来，量化处理。WBS 字典的加入，使风险问题和项目任务紧密结合起来，并且能转化为一种知识和技术积累，使工程师的宝贵经验不至于白白流失，为后续的工作提供了良好的指导。

在产品研发的过程中出现的问题是复杂多样的，无法被我们完全研究和预测。例如，目前我们研究风险的等级和发生的可能性还是要依赖工程师的判断，但是，工程师对风险问题的判断是极具个人色彩的，神经网络系统可以让我们对相应的风险等级和发生的可能性进行更科学的判断，这将是我们下一步要研究的问题之一。对于企业中项目风险的发生，目前的项目风险管理研究还不是很完备，需要研究出更科学的解决方案和理论，让项目风险管理体系在面对风险时产生更佳的管理效果。

2.7　本章小结

项目风险规划指为实现项目目标、减少风险而制定方案，决定应采取对策的过程。风险规划要求切合风险的实际程度，在迎接挑战时进行成本效益分析，反应要迅速，行动要及时，以防范风险的发生甚至恶化，注重方案的可操作性，在得到所有参与者的一致同意后，落实到具体负责人身上，在若干可选方案中选择最佳风险应对方案。在任何项目中，风险管理都必须作为一个日常的正式活动被列入项目工作计划，成为项目管理人员的一个重要工作。

本章阐述了项目风险规划的含义、任务和内容，构建了项目风险规划的过程（包括目标、定义和活动），给出了项目风险规避的主要策略，探讨了项目风险管理计划的内容和计划书，介绍了项目风险规划技术和工具，并通过案例说明了项目风险规划的应用场景和方式。

思考题

1. 项目风险管理规划的目标和最终目标是什么？最终目标主要包括哪几个方面？

2. 项目风险管理规划可以从哪两种视角看待？分别简述每种视角下项目风险规划的过程。

3. 项目风险管理计划书的主要内容应包括哪些？制定项目风险管理计划书的原则是什么？

4. 项目风险管理规划的技术和方法有哪些？

5. 请简述项目风险管理规划的主要理论。

第 3 章　项目风险分析过程

本章导航

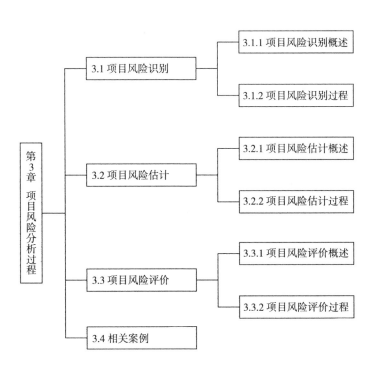

3.1 项目风险识别

3.1.1 项目风险识别概述

3.1.1.1 风险识别的含义

项目风险识别是项目风险管理工作的组成部分，更是项目风险管理的基本前提，起到了战场"排头兵"的重要作用。要做好项目风险管理工作，风险的识别可以说是第一个要把握住的关卡。项目风险识别是指寻找、发现并确定造成项目风险的各类潜在诱因，并按照其发生场景、初期预警表现、预期后果和管理方式等方面进行系统分类的过程。

项目风险识别要求风险主体认识到项目可能受哪些不确定因素影响，并深刻了解这些不确定因素，为后续的项目风险管理找到着力方向和监控重点。

3.1.1.2 项目风险识别的特点

在明确项目风险识别含义的基础上，总结项目风险识别有以下特点：

（1）全周期性。

项目风险识别不是一次性的，而是全程参与到项目的工作之中，且因为项目不同阶段往往潜伏着不同风险源，所以要求项目风险识别不仅要参与项目准备期或项目早期的工作，还应贯穿于整个项目周期。

（2）动态性。

项目风险识别不是定期的简单重复工作，优秀的风险管理团队应根据项目全过程中不断更新的各种信息（项目完成度、项目人员变动、项目资金流动情况等）适时、灵活地开展项目风险识别工作。

（3）全员性。

项目风险识别涉及项目的整个过程和各个方面，这要求项目组全体人员都参与其中，而非仅仅是项目经理或项目组内个别人员的任务。上到项目总工程师，下到项目某具体部门的职员，每个项目组成员的工作中都潜伏着风险，且每个成员的项目风险识别敏锐力、风险应对反应力、项目风险管理经验等不尽相同，这也构成了项目本身的一个风险源，所以全员参与才能让项目的风险识别工作有充分的保障。

（4）信息性。

信息的收集和整理是项目风险识别中最基础且最关键的工作之一。信息的及时性、全面性、真实性保障了项目风险识别结果的可靠性和准确性，直接影响了项目风险识别工作的质量。可以说，没有信息，就没有项目风险识别；没有高质量的信息，就没有高质量的项目风险识别成果。

（5）综合性。

项目风险识别是一项综合性较强的工作，项目工作任务的分配、项目人员的调度、项目过程的维护、项目进度的监控等工作都需要以协同合作的方式进行，甚至项目风险识别工作自身所需要的识别工具的选择也具有综合性。

3.1.1.3　风险识别的依据

项目风险识别的依据主要包括以下内容：

（1）项目风险管理规划。

项目风险规划规定了项目组织选用风险管理方法的原则，制定了项目组织及其成员进行风险管理的行动方案及方式，是项目进行风险识别的首要依据和工作准绳。它限定了风险识别的范围、规定了项目组风险再识别过程中可以应用的方法，以及规范、明确了风险管理过程中应在何时、由谁进行哪些风险识别审查工作等问题的处理思路。

（2）项目成果说明（项目合同要求）。

项目成果说明是进行项目风险识别的直接依据，因为项目风险识别乃至整个项目管理工作的最终目的是达到项目合同所约定的成果（在规定的时间区间和金额预算内，产生项目的可交付成果，并保证达到要求的质量标准）。

（3）历史资料。

以往类似项目的历史资料中记录了项目风险管理的全过程，其中自然包括项目风险识别的主要工作内容，能为当前项目的风险识别提供非常实用的参考。一般来说，项目的历史资料来源于历史项目的记录档案文件、公用数据库、项目组成员的经验以及网络资料等。

（4）理论研究。

国内外专家学者对于项目风险的研究成果是项目运行过程中风险识别的有力工具，认真研读相关项目风险管理文章书籍，或引导项目组内风险管理类专业相关人员合理利用理论知识，能够为风险识别工作提供可靠的依据。

（5）风险种类。

风险种类是可能对项目产生影响的风险源类别，为项目风险识别划了一个大范围，风险识别工作可以优先或者重点考虑在这个大范围中展开。项目的风险种类能反映出项目所在行业及应用领域的特征，如化工行业可能存在危化品的爆炸风险、金融行业可能存在政府调控的系统风险、电子产品制造业可能存在用户消费升级带来的产品风险等。

（6）制约因素和假设条件。

项目不可避免地处于一定的环境（包括社会环境和自然环境）之中，或多或少地受到环境因素的制约和影响，当项目的影响因素发生较大变化甚至假设条件不再成立时，就可能成为项目新的风险源。最典型的制约因素变化，如国家政策或行业标准的改变；假设条件的变化，如供应商原材料的价格浮动或金融机构贷款利率的波动等。

3.1.1.4 项目风险识别的意义

（1）项目风险识别有助于明确项目风险管理的操作对象。

项目风险识别首先能分析出项目的复杂程度、风险的大致内容、风险滋生的环境以及风险存在的大体位置，避免后续的风险管理工作盲目进行。通过进一步的项目风险识别工作，还可以定位到项目风险的具体风险源并了解各类风险源的性质、产生条件、敏感因素等。

（2）项目风险识别有助于维护风险管理的正确性，提高风险管理的有效性。

项目风险识别为项目风险管理提供依据和佐证。通过项目风险识别的结果，项目风险管理工作才能有着力点，不断更新的项目风险识别成果，能够让风险管理工作正确且高效地进行。项目风险识别成果同时也是重要的项目风险管理文件，形成的项目风险识别文档能够为以后同类的项目提供重要的价值参考和工作便利。

（3）项目风险识别有助于加深项目组成员对项目风险的理解。

项目风险识别要求项目组成员全员参与，这个过程能够加强成员对自身工作中存在风险的理解，同时也能培养成员对于项目风险的大局意识，增强其信心。同时，不同项目部门能够通过项目风险识别加强彼此之间的联系，为后期的风险管理、风险监控等工作建立良好的合作氛围。

3.1.2 项目风险识别过程

项目风险的全面识别过程可以从项目环境变化风险识别、项目全过程风险识别、项目全要素风险识别、项目全团队风险识别四个方面来考虑（见图3-1）。

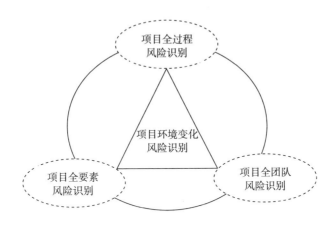

图 3-1　项目风险识别的四个方面模型

由图 3-1 可知，项目环境变化是导致项目风险的根本因素，其他三项风险类型都是通过影响环境变化来施加影响的，归根到底，风险来源于不确定因素的存在，所有能引发风险的要素最终都是通过"制造"不确定因素来造成危险的，所以项目风险的环境变化处在中心位的地位。而全过程风险、全要素风险和全团队风险则是从项目的不同视角具体识别项目风险，但三者并不是完全平行并列的三个方面，它们之间也存在着相互关联、相互影响的关系，共同对项目的环境变化来施加影响。

3.1.2.1　项目环境变化风险的识别

项目所处的环境随时随地都在发生或大或小、或有利或不利的变化，这种环境变化是引发项目风险的一个重要因素。具体看来，项目环境变化风险主要包括：项目宏观环境变化风险识别、项目资源环境变化风险识别、项目市场环境变化风险识别和项目竞争环境变化风险识别。

（1）项目宏观环境变化风险识别。

宏观环境变化风险主要包括：国家发展战略变化的风险、国家经济政策变化的风险、国际局势变化的风险、市场环境变化的风险、法律法规变化的风险、操作程序变化的风险、产业技术更新换代的风险等。根据项目所处的行业和具体环境，受到不同类型的宏观环境变化风险的影响。

（2）项目资源环境变化风险识别。

项目资源环境是项目实施的物质基础条件，项目实施所需要的各种自然资源和具体生产资料构成了项目资源环境，这包括项目实施所需的自然条件（如工程建筑类项目对气候条件要求）、物料资源（如工农业产品制造类项目对燃料、原料等资源的要求）、人力资源、资金资源、物流资源、通信资源等。有时不同资源之间还存在互相影响的可能，比如气候条件变化引起的洪涝灾害进一步引发电力资源的变化，形成二次资源变化。

（3）项目市场环境变化风险识别。

项目过程都处于一定的社会经济环境之中，项目的进行也不可避免地受到市场环境变化的影响，所以识别市场环境变化可能带来的风险是十分必要的。市场环境信息量大，信息存在不同程度的不对称性，且人们对于市场环境的预测方法不尽完善，这使市场变化对项目风险的影响可能更加明显，所以市场环境变化风险识别也是项目风险识别活动的重要组成部分。

（4）项目竞争环境变化风险识别。

如果说市场环境变化风险对于行业而言是系统性的，那么竞争环境的变化则是针对具体项目而存在的风险。竞争环境变化包括新竞争者的进入、竞品的出现、竞争对手战略的变化（例如竞品的降价、升级、售后服务的完善）等，这些因素都会影响到项目的实施，从而带来风险。

3.1.2.2 项目全过程风险的识别

项目的全过程根据时间先后大致按照以下流程进行：项目定义与决策、项目设计与计划、项目实施与控制、项目完工与交付。项目的整个生命周期内都可能潜伏着风险。

（1）项目定义与决策阶段的风险识别。

项目定义与决策阶段的风险主要来源于信息不完备，没能了解到足够、有效的信息来选择项目，以及制定项目初步的实施方案。项目可行性分析阶段是十分关键的，这个阶段，项目组成员要对项目的发展前景、技术要求、资金保障、营销策略等方面做出可行性分析，项目过程中风险识别工作能够防患于未然，避免成员因过度乐观或信息不完善而造成对项目可行性的错误判断或指标分析不合理。

（2）项目设计与计划阶段的风险识别。

项目设计与计划阶段要求项目组成员对项目有更清晰更具体的实施规划，项目组成员需要根据项目目标对产出物的质量、数量、技术、性能等方面做出设计，此时容易产生设计与落地之间差距的风险，同时专家意见和技术参数等指标与实际的差距也可能带来风险。

（3）项目实施与控制阶段的风险识别。

项目实施过程中，有一部分决策是项目经理或主要负责人做出的，这种决策行为因为带有个人主观性而可能存在风险，应关注此类风险并及时识别，不断寻求可靠有用的信息，以保证项目顺利进行。

（4）项目完工与交付阶段的风险识别。

这一阶段在项目全过程中是风险较低的，但也绝不可忽视，需要注意识别总结和评价时可能存在的风险，以及交付阶段与客户的沟通交际上存在的风险。

3.1.2.3 项目全要素风险的识别

项目全要素是指项目中所有可能产生风险的要素，包括但不限于项目的原材料采购价格、资金、技术、人事变动、竞争对手等。如果能准确完整地识别造成项目风险的所有因素，无疑能够为项目风险管控工作带来有力的保障和巨大的便利。

（1）项目范围方面的风险识别。

项目范围方面的风险包括项目目标范围和项目过程范围中可能存在的风险。要注意做好以下几种识别工作：项目产出物界定质量控制的风险识别、项目工作范围界定与分工中的风险识别、项目范围管理中的风险识别。

（2）项目时间方面的风险识别。

项目时间方面的风险识别就是对各种可能影响项目总体完成时间和项目阶段性任务完成时间的风险进行分析定位，主要包括项目活动分段工作的风险、项目活动时间估计的风险、项目进度计划编制的风险、项目活动时间配置的风险、项目人员与工作量适配的风险以及项目活动阶段性反馈总结的风险。

（3）项目成本方面的风险识别。

根据项目成本管理的内容，项目成本管理风险主要包括项目资源计划编制存在的风险、项目成本估算的风险（包括人力资源成本、原材料成本、借用资金成本等的估算风险）和项目成本控制的风险。

（4）项目质量方面的风险识别。

项目质量方面的风险主要包括项目质量计划编制风险、项目质量保障实施风险以及项目质量监控风险。质量计划编制风险主要是指由质量计划有误、质量无法满足合同要求和工作出现疏漏造成质量问题的风险。质量保障措施风险主要是由质量体系建设方面出现问题或质量保障工作失误而带来的风险。质量监控风险主要由项目质量控制标准有误、项目度量绩效评价有误和项目质量纠偏或变更措施有误而造成的风险。

（5）项目综合管理方面的风险识别。

项目风险识别的综合性告诉我们，项目综合管理不仅要将各要素充分考虑到风险识别中，还应将各要素之间的关系考虑进来。项目综合计划制订中的风险包括项目各要素配置关系不当的风险，各要素重要性、前后顺序判断不当以及项目综合计划安排不当的风险。项目综合计划实施中最大的风险是成员未按照正确的项目综合计划去开展项目实施和管理活动的风险。项目变更总体控制的根本风险是成员未能按照项目要素间正确的配置关系去开展项目变更或纠偏活动，最终导致项目各要素的匹配和主次出现问题。

（6）项目沟通风险的识别。

沟通风险对比前面提到的各类风险，属于敏感度不强、严重性不高的风险类型，但是也会在一定程度上对成员之间的氛围、团队凝聚力、项目实施情况的准确描述等方面带来风险。具体来说，项目沟通方式、沟通人的性格特点、沟通时机、沟通信息质量、沟通管理工作等因素都可能导致项目沟通风险的产生。

（7）项目人力资源方面的风险识别。

这方面的风险主要有项目组织规划中与人员相关部分的风险、人员获得与配备中的风险、人员人事调动的风险、项目经理或主要负责人领导风格和领导力的风险以及项目团队建设与开发的风险等。

3.1.2.4　项目全团队风险的识别

项目全团队各责任中心、各小组成员之间的关系错综复杂，项目的顺利完成是项目经理的利益关键点，但并不代表这一定是项目部门负责人的利益关键点，更不能保证这一定是项目中每位成员的利益关键点，所以项目全团队中也存在着风险，即项目利益主体之间由信息不对称、职务不对等、风格不一致等因素而造成的"双方"或"多方"博弈所带来的风险。

（1）项目利益相关主体间的利益冲突风险。

项目利益主体之间的利益有一致的时候，也有相互冲突的时候，甚至会有利益权衡后立场变换的情况。不同项目利益方的立场、角色、专业背景的差异，都可能导致它们之间的冲突，例如工程部门和安全保障部门会主张使用最稳妥的施工方式和仪器，而财务部门和采购部门会从资金和采购流程的角度来考虑，认为中等或中等偏上即可。

（2）项目利益相关主体沟通不畅的风险。

由于信息不对称或者各部门对不同信息的偏好或重视程度不一致，或由于人员的表达习惯问题，可能造成工作中的沟通不畅，导致项目实施情况无法被准确地描述和传达而造成风险。

（3）项目利益相关主体"零和"博弈的风险。

有的项目部门或成员为了使自身利益最大化，可能会与全团队的项目整体产生"博弈"，这种"零和"博弈的结果往往会造成项目全团队利益受损，出现项目利益被侵蚀或者项目利益分配不合理的风险，最终导致项目延期、成本增加或者项目产出物的质量无法达到合同目标的情况。

3.2　项目风险估计

3.2.1　项目风险估计概述

3.2.1.1　项目风险估计的含义

项目风险估计是项目风险的各个风险源发生的概率以及其可能造成后果的严重程度能够得到初步的估算和测定的过程。在项目风险识别工作完成之后，项目风险估计利用科学的估计方法并适当建立预测模型，对识别出的各种风险进行量化，以数值结果直观地判断风险的大小，方便项目经理快速准确地做出项目管理决策。项目风险估计的具体内容包括以下几个方面：

（1）项目风险事件发生的可能性。

（2）项目风险事件造成影响的严重性。

（3）项目风险事件的影响范围和关联性。

（4）项目风险事件的发生频率和持续时间。

其中，风险的大小估计最终由两个方面决定：项目风险事件发生可能性的大小和项目风险事件产生后果严重性的大小，也就是说，风险是风险事件发生可能性和风险事件影响的函数，即：

$$R=f（F，C） \tag{3-1}$$

其中，R 表示项目风险，F 表示风险事件发生的可能性，C 表示风险事件后果的严重性。

3.2.1.2 项目风险估计的指标

（1）风险事件发生可能性的估计。

项目风险估计的最主要工作就是风险事件发生可能性的估计。在识别出项目风险之后，需要对各种风险源发生的可能性大小进行分析测算，风险事件发生的可能性越大，对项目正常进行造成危害的可能性就越大，项目经理就越应该重视该风险事件的管理控制工作，所以项目风险估计的首要任务是测算项目风险事件发生的可能性大小。

在项目风险可能性大小的估计方法中，经常采用的方法有概率分布与数理统计法、计算机模拟仿真法、专家判断和决策法等。

1）概率分布与数理统计法。

项目风险事件发生的可能性大小可以用概率来描述。风险发生的概率因其本身性质的不同，适用不同的概率估计方法，服从不同的概率分布函数。风险发生可能性（即发生概率的大小）的估计值按照概率测算来源与客观事实的关联程度分为三类：客观概率、主观概率和合成概率。

A. 客观概率。

a. 古典概率。

如果事件具有以下特征：事件发生的可能性是由有限个基本事件组成的，且每个基本事件在一次实验中发生的可能性是相等的，则事件发生概率的计算满足古典概率模型。如果事件的基本事件总数为 N，事件 A 包含的基本事件个数为 m，那么事件 A 发生的概率为：

$$P(A)=\frac{m}{N} \tag{3-2}$$

b. 数理统计概率。

概率的统计定义以大量实验为基础，在独立重复试验下，记录事件 A 发生的次数，记为 m，试验总次数记为 N，则有：

$$P(A)=\lim_{N\to\infty}\frac{m}{N} \tag{3-3}$$

客观概率对于事件性质的要求比较严格，在实际经济环境中的项目很难直接利用客观概率模型测算项目风险可能性大小。

B. 主观概率。

主观概率是由人出发的，直接判断风险发生概率大小的主体是人。主观概率是指项目决策者根据自身经验、当前形势、已知信息等因素做出的风险概率判断，主观概率也受决策者性格特征、对风险的偏好度（风险偏好型、风险厌恶型或风险适中型）、判断时的心理和情绪状态等多种不确定因素影响，具有较强的主观性和个体差异性。例如接连几天的下雨天之后，天气预报预测明天是晴天，有的人倾向于认可天气预报的判断，觉得明天是晴天的概率较大，下雨的可能性很小；有的人则认为已经下了好几天雨，加上分析今天夜里的天气情况来做出判断，认为明天是雨天的概率大概为80%，明天是晴天的概率大概为20%。

在实际情况中，项目决策者往往面对的是比预测天气情况更加复杂的情景，风险源可能很多，甚至会互相影响，这也是导致主观概率差异性的重要原因，但是主观概率也有优点，它在客观概率不适用、项目管理人经验丰富、决策果断时也可能发挥出很好的效果。

C. 合成概率。

合成概率是综合客观概率和主观概率来进行项目风险可能性判断的一种方法，它综合了两者的优点，能够在一定程度上发挥统计的准确性和经验的优势，减少错误判断。

在实践中，由于项目风险的复杂性和动态性，仅利用客观概率模型或主观概率模型来测算风险事件发生的可能性大小可能会让项目风险的估计出现较大偏差，进而导致决策错误或决策延误。在客观概率的基础上，充分发挥人的经验作用，是实践中项目风险估计的常用方法；或以主观判断为基础，用客观概率计算来验证或纠偏，也能够弥补仅用单一方法估计风险事件发生可能性的弊端。

2）计算机模拟仿真法。

当有足够数量的历史数据信息可参考时，可以利用计算机模拟仿真技术对数据的走势进行分析，预测当前项目同类风险发生的可能性大小。

计算机模拟仿真法的优势在于：能充分利用所有有效可用的历史数据信息，相较数理统计法有更强大的数据支持；测算过程不易出错，结果更加准确；可以选取多种回归方程分析，且可以对比验证各种回归方程的科学性，减少误差。

但在使用计算机模拟仿真法的时候需要注意：甄别哪些历史数据是有效的，例如那些年代过于久远或经济环境与当前项目所处环境差距很大的数据不应该被选用；要注意各风险源之间的内在联系，防止数据互相影响而带来的估计误差。

3）专家判断和决策法。

专家判断和决策法也是在实际应用中经常使用的方法，它可以作为上述两种方法的辅助方法，也可以单独作为一种风险发生可能性的评估方法。具体的方式是列出清单描述项目的重要指标、所处环境和动态变化等，利用列表打分的方式让专家进行打分，或者直接与专家沟通，向专家询问当前项目的风险以及发生可能性的大小，并最终让专家给出建议或意见。

这种方法要求专家有丰富的项目管理经验和准确把握信息、明白局势的能力，但需要注意分析专家的个人风格，尽可能得到最客观、最中性的可能性估计，减少专家个人性格、个人利益、专业背景、决策经历等因素对项目风险大小的判断。

同时，要注意不能过分依赖专家的"专业性"和"权威性"，要明白专家的经验也是在失败和误判的基础上累积起来的，不能盲目相信，所以也可以用数理统计法和计算机模拟仿真法加以验证，或扩大专家库，以减少错误估计的可能性。

（2）风险事件产生后果严重性的估计。

若只凭借风险事件发生可能性的大小，我们无法判断项目风险最终的大小，也就是我们不能简单地说"不确定因素发生的可能性越大，其带来的风险就越大"，还有一个很重要的因素必须考虑，那就是风险事件后果的严重性。如果风险事件产生的后果严重性很小，即使该事件发生的概率极大，我们也可以认为它的总体风险是不大的，反之，如果一个风险事件的后果特别严重，哪怕其发生的可能性很小，我们也不能放松警惕。例如，飞机出现航空意外的概率很小，一年内飞机失事的数量跟汽车或火车事故数量相比是非常少的，看起来不是我们需要担心或重点控制的对象，但是一旦发生航空意外，整个飞机上的人员都可能失去生命，生还概率几乎为零，而相比较起来汽车事故虽发生概率较大，但一般不会造成这样严重的后果，航空出行的这个性质使航空意外险的存在很有意义。所以，估计风险事件产生后果的严重性，也是一项十分重要的风险估计工作。

风险事件产生后果的严重性可以从以下几个方面来评估：

1）后果的性质。

一般而言，风险事件产生的后果若是涉及人生命安全的，比财产安全更加严重；后果涉及触犯刑法的，比触犯行政法规的更加严重；后果涉及社会安全和社会影响的，比涉及经济市场的更加严重。

2）后果的范围。

一般而言，风险事件产生的后果波及的范围越广，其后果越严重。范围包括地域面积、人员数量、财产金额等方面。

3）后果的时间。

通常情况下，风险事件产生的后果影响的时间越长，其后果的严重性也越强。

3.2.2 项目风险估计过程

风险估计的过程，是运用定性和定量的分析方法估计项目中各种风险发生可能性大小和产生后果严重度的，并按潜在风险的危险程度进行排序的过程。

3.2.2.1 风险估计过程目标

风险估计过程目标的主要内容有：

（1）确定风险发生的可能性。

（2）确定风险影响的严重性。

（3）综合确定风险影响程度的主次顺序。

3.2.2.2 风险估计过程定义

（1）过程输入。

风险估计是对项目中的风险进行定性判断和定量分析，依据风险指标判断项目目标的综合影响程度进而对项目风险进行分级排序的过程。过程输入阶段主要任务是收集整理风险估计所需的"原材料"或"源数据"。项目风险估计的依据包括风险管理规划、项目识别列表、风险登记册、项目进展报告等。

（2）过程控制。

根据项目管理计划、项目反馈情况等风险反映资料，形成风险估计大纲，在此基础上对项目风险实施管控。其中的重点工作是根据项目实施的实时情况，及时纠正更新风险估计的内容，包括定性、定量内容的更新，以保证项目风险估计工作的正确性。

（3）过程输出。

按照主次顺序排列的风险列表以及备注最新的情况来进行最终的风险估计结果产出，这是风险估计过程的输出阶段。常用的风险估计输出形式是风险量表，包括风险事件的排序、风险事件更新情况以及影响因素的变化情况等。

（4）过程机制。

估计方法、分析工具和风险数据库是风险估计过程的机制，它解释了风险估计过程的运作思路，是串联风险估计的过程输入、过程控制以及过程输出的内在机理。

3.2.2.3　风险估计过程活动

风险估计过程活动是将上述风险估计过程运用到实践中的活动，它回答了"需要做什么工作来完成整个风险估计"的问题。风险估计过程活动主要包括以下内容：

（1）系统收集整理项目风险背景信息。

（2）准确完成项目风险识别工作。

（3）合理使用风险估计分析方法和工具。

（4）科学确定风险发生的概率及其后果的严重性。

（5）项目经理或负责人做出主观判断。

（6）按照风险大小综合排序。

3.3　项目风险评价

3.3.1　项目风险评价概述

3.3.1.1　项目风险评价的含义

项目风险评价是在项目风险识别和项目风险估计的基础上，从项目整体的角度考虑可能存在的所有风险，以及所有风险事件之间的相互联系、相互影响，最终综合反映到项目整体风险上的过程。

风险评价过程承接在项目风险规划、项目风险识别和项目风险估计之后，它最突出的特征是综合性。风险评价过程通过构建项目风险的系统评价体系，对项目不确定因素进行综合分析，明确各个项目风险之间的内在联系和作用机理，最终对项目的整体风险水平给出结论和评价。简单地说，项目风险评价可以让项目管理者得出本项目总体风险等级。在风险评价过程中，项目负责人应该详细研究项目风险管理的各种可能后果并将决策者做出的决策同自己单独判断的结论进行比较，分析其中的差异点，提出最终的风险决策方案供决策者选择。

3.3.1.2　项目风险评价目的

项目风险评价的目的主要有以下四个方面：

（1）对项目风险进行比较分析和综合评价，确定各风险的主次顺序。

（2）梳理各项目风险之间的内在联系和作用机制，加深对风险主次顺序的判断。

（3）全方位考虑各风险之间可能存在的转化机制，综合衡量项目风险。

（4）进行项目风险量化研究，整理得出风险管理决策规划。

3.3.1.3　项目风险评价准则

风险评价准则是项目风险评价与决策的出发点，是项目组成员对项目风险总体等级进行划分的标准。完成项目风险评价的关键内容是综合考虑项目进行的情景和监控项目风险事件，形成准确反映项目实际风险的评价依据。

（1）风险回避准则。

风险回避准则是最根本的风险评价准则，它规定了项目风险评价的基本思路，同时也是整个项目风险管控工作的最终目的。项目经理在风险回避准则的指导下，应采取各种措施尽力风险回避或有效消除项目中的各类风险，尤其是对综合分析后得出的关键风险因素。

（2）风险权衡准则。

总体来看，风险是一直存在的，而且总有一些系统性的风险是无法完全消除的，有时甚至会出现不同风险事件互相影响、互相排斥的情况，这时就需要做好风险权衡评价工作，充分考虑各风险源之间的关联影响，确定可接受风险的限度，计算联动风险的总体水平，最后得出项目风险评价的结果。

（3）风险控制成本最小原则。

评价风险的整体水平高低，除了评价风险本身，还应考虑处理风险事件时要付出成本的大小。例如一类项目风险事件的风险值不高，风险"不大"，但处理该风险造成的危害得付出昂贵的经济代价或时间代价，那么对这类风险的评价应在综合考虑之后进行适当的提高；同样地，如果处理风险的成本足够低，项目负责人可以将该风险视作可接受或次要的风险。

（4）风险控制成本指数准则。

这一准则是对风险控制成本最小原则的优化，风险控制成本指数是风险成本与风险效益之比。风险处理成本是个绝对数，在不同项目风险之间缺乏可比性，而成本效益比排除了项目风险效益规模对处理风险的成本的影响，可以比较不同规模项目的风险处理成本。

（5）社会费用最小准则。

在进行风险评价时还应该遵循社会费用最小原则。这一指标体现了组织的社会责任感，也是对组织形象的一种正面树立。项目组在项目实施过程中，除了关注风险管理工作的目标、监控项目实施的进度外，不能放弃对社会经济环境和社会自然环境的保护责任，不能为了控制项目组的项目风险而伤害企业整体健康情况甚至是经济规律（例如恶性竞争、不诚信经营、违反法规等）。

3.3.2 项目风险评价过程

3.3.2.1 风险评价过程定义

根据 PMBOK 指南风险处理框架，项目风险评价过程的定义如图 3-2 所示。

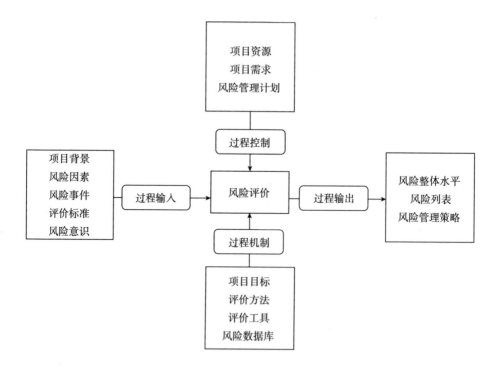

图 3-2 项目风险评价过程

图 3-2 概括了将输入转变为输出这一过程所涉及的风险评价活动。风险评价

过程可以分为四大部分：过程输入、过程控制、过程输出、过程机制。

（1）过程输入。

风险评价过程输入步骤要求工作者将风险评估的需要资料收集完整并有效整理，如项目背景、风险因素、风险事件、评价标准、风险意识。

（2）过程控制。

风险的评价过程主要根据项目资源、项目需求和风险管理计划这三种规划控制资料对风险评价前一过程所输入的风险资料进行分析、测算，其方式与风险估计的控制过程类似。

（3）过程输出。

项目风险整体水平、项目风险列表、项目风险管理策略是风险评价过程的输出，是过程的最终产物。

1）项目风险整体水平。

项目风险整体水平是风险评价工作最直接、最关键的产物，它是对项目的风险整体水平做出综合评价的重要资料，而项目的风险整体水平将直接运用于支持项目进行的投入策略以及项目方向验证和过程纠偏的决策当中。

2）项目风险列表。

项目风险列表按照风险等级较高、一般、较低的划分方式对风险和影响风险变化的实时情况做出详尽的列示。另外，风险列表按照项目风险的紧迫程度、风险的影响范围、项目的资金风险、施行风险和目标质量风险等类别做出风险评价和排序，并根据重要性原则对关键风险的发生可能性和后果严重度做出单独的评价且附上详细情况说明。

3）项目风险管理策略。

对评价等级为较高或一般的风险类别应当列为关键风险并做出更加具体详尽的分析，甚至可以单独制作分析表或解析表对其进行汇报。同时应该注意表格或报告中应包含相应的风险应对准备方案。

（4）过程机制。

风险评估过程机制由项目目标、评价方法、评价工具和风险数据库组成。风险评估过程机制类似于风险估计过程机制，重点关注的内容是各项目风险之间的内在联系以及输入、控制和输出过程的有机结合。

3.3.2.2　风险评价过程活动

项目风险评价过程活动是根据项目目标和评价准则，将识别和估计项目风险进行系统的、整体的分析，明确项目风险之间的内在联系，确定项目风险整体水平和风险等级等需完成的任务，是实践操作中要具体落实的风险管理工作步骤。

风险评价过程活动主要包括以下内容：

（1）明确风险评价准则。

（2）评价项目整体风险水平。

（3）明确各风险因素间的内在联系和影响机制。

（4）确定关键风险，进行深入分析。

（5）得出项目风险综合评价，监控项目风险实时情况，修正风险管理规划。

3.4　相关案例

国家体育场"鸟巢"建设工程项目的风险识别①

1. 案例背景

2001 年 7 月 13 日，我国申奥成功，第 29 届奥林匹克运动会确定在中国举办。2002 年 3 月，我国开始向全世界征集国际体育馆建设方案。由瑞士赫尔佐格和德梅隆设计事务所、中国建筑设计院以及 ARUP 工程咨询公司设计联合体共同设计的"鸟巢"方案，经过严格的专家评选和群众投票最终脱颖而出。北京奥运会主场馆"鸟巢"的建设于 2003 年 12 月破土动工，前后经历了规划设计阶段、开工准备阶段、实质性结构建设阶段、停工至复工阶段、零层至四层建设阶段、钢结构阶段以及收尾完善阶段。

中国国家体育场作为 2008 年第 29 届奥林匹克运动会的主体育场，"鸟巢"工程总占地面积 21 公顷，建筑面积 258000 平方米，主体结构设计使用年限 100年。该项目被公认为当时世界同类建筑中规模最大、结构最复杂、技术难度最高、工期和质量要求最为严格的工程项目。2008 年 6 月，国家体育馆"鸟巢"

_____

① 本案例改编自 2008 年北京纪录片《鸟巢，梦开始的地方》。

全场馆建设正式完成，这项特级体育建筑、大型体育场馆的建设项目画上了完美的句号。"鸟巢"的建设任务艰巨，建设过程中主要有以下难点：项目工期紧、工程组织难度大、人员需求量大且专业性较强、钢结构焊接难度大、工程质量要求高、社会性需求特殊等。

2. 项目风险识别分析

由于项目规模巨大、结构复杂、技术难度高、工期和质量要求高，这必定要求"鸟巢"建设项目要进行严格细致的风险识别。从工程建设角度来看，"鸟巢"项目涉及方面众多，风险滋生的环境多种多样，风险识别工作伴随项目建设的全过程，本案例分析主要从以下两个维度探讨该项目风险的识别过程。

（1）项目周期风险识别。

"鸟巢"建设的时间限制是可以列入项目风险管理中第一批次关注的风险点，因为"鸟巢"场馆的直接建设目的是为 2008 年北京奥运会而服务，所以从工程开工之日起，必须在 2008 年 8 月北京奥运会开始之前建成，实际情况下，需要在 2008 年的较早期交付完成，且工程建设的各个步骤环环相扣，前一步骤的完成情况和完成时长都对后续步骤以及整个项目完工进度产生影响，所以对于"鸟巢"项目而言，项目周期风险的识别十分重要。

图 3-3 展示了"鸟巢"建设期的关键时间节点。从图 3-3 中可以看到，"鸟巢"建设的阶段性明显，对每个阶段的工期控制要求较高。例如，项目动工之前，总负责人已知建设的重难点工作为"鸟巢"的钢结构部分，因为钢结构对钢材的数量和质量要求较高，钢材之间的对接难度较大，且后续的焊接任务十分艰巨，故应考虑到该部分是否能够按时完成的风险。从工程资源、工程技术难度、工程量等方面识别出钢结构的潜在风险较大，可能带来的直接影响是对项目周期的影响，故在制定项目管理规划时，应关注该部分的风险控制，并且留意前面步骤的进展程度，以免进一步影响关键步骤的起步时间及起步条件。

在"鸟巢"实际建设过程中钢结构后期的焊缝阶段，相关负责人根据工程进度的实时监控情况，灵活调用焊接工人，参与该阶段的焊接工人数量根据实际情况为 1000～7000 人不等，在必要的时候能做到及时增加焊接工人数量，加大工作时长，也是"鸟巢"项目周期风险识别工作得以良好完成的印证。

"鸟巢"建设项目的时间线：

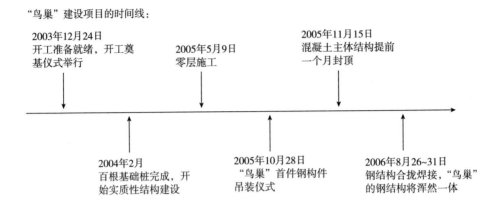

图 3-3 "鸟巢"建设期的关键时间节点

（2）项目质量风险识别。

工程类项目的一大核心关注风险便是质量完成度，"鸟巢"作为奥运场馆以及国家体育场馆，其对质量的要求之严格不言而喻。"鸟巢"项目在项目质量风险识别方面做到了全过程、全要素、全团队的考虑，在具体操作中，由"鸟巢"钢结构建设阶段工程承包部的"P14 锚梁板焊缝记录单"（简版）可见一斑，表3-1 是该记录资料的主要内容。

表 3-1 P14 锚梁板焊缝记录单

焊接点位置	焊缝对接条数	板材厚度	焊接时间	焊接人员姓名	实际工作时长	人员签字

焊缝记录单不仅对"鸟巢"焊接过程的各类建设细节做了细致的记录，更是要求最终的焊缝质量追溯以文字版签字确认为主（劳务队负责人、城建精工下面的安装单位的质检员签字），且永久存档。从项目风险识别的角度出发，焊缝记录单上明确列出了项目风险源的类别以及风险源所处的工程阶段、相关负责人员等，同时，这对于项目风险的监控管理也大有益处。

3. 拓展思考

（1）"鸟巢"建设项目还可能存在哪些方面的风险，请思考讨论。

（2）"鸟巢"建设项目的风险评价可以从哪些方面进行？

3.5 本章小结

项目风险分析过程是承接于项目风险管理规划之后，对项目风险进行进一步剖析的过程，该过程主要由项目风险识别、项目风险估计和项目风险评价三部分构成。

项目风险识别是指寻找、发现并确定造成项目风险的各类潜在诱因，并按照其发生场景、初期预警表现、预期后果和管理方式等方面进行系统分类的过程。

项目风险识别具有全周期性、动态性、全员性、信息性和综合性的特点。项目风险识别的意义在于能够帮助确定项目风险管理的具体对象，也对提高风险管理的有效性有较大的促进作用。

项目风险识别的四方面模型从项目的环境变化风险（宏观环境、资源环境、市场环境、竞争环境）、全过程风险（定义与决策、设计与计划、实施与控制、完工与交付）、全要素风险（范围、时间、成本、质量、综合管理、沟通、人力资源）和全团队风险来开展识别工作。

项目风险估计是项目风险的各个风险源发生的概率以及其可能造成后果的严重程度能够得到初步的估算和测定的过程。风险的大小估计主要由两个方面决定：项目风险事件发生可能性的大小和项目风险事件产生后果严重性的大小。风险事件发生可能性的估计方法主要有概率分布与数理统计法、计算机模拟仿真法、专家判断和决策法。风险事件产生后果严重性的估计可以从后果的性质、后果的范围、后果的时间三个方面来考虑。

项目风险评价是在项目风险识别和项目风险估计的基础上，从项目整体的角度考虑可能存在的所有风险，以及所有风险事件之间的相互联系、相互影响，最终综合反映到项目整体风险上的过程。

项目风险评价准则主要有风险回避准则、风险权衡准则、风险控制成本最小原则、风险控制成本指数准则、社会费用最小准则，不同性质不同目标的项目，适用于不同的项目风险评价标准。

思考题

1. 项目风险分析过程由哪几部分组成？简述每一部分的含义。

2. 项目风险识别有什么特点？常用的识别依据有哪些？简述项目风险识别四个方面模型的内容。

3. 项目风险估计可从哪几个方面进行分析？项目风险估计的指标有哪些？不同指标分别适用于什么估计情况？

4. 项目风险的评价标准有哪些？简要阐述。

5. 简述项目风险评价过程。

第4章 项目风险分析技术与方法

本章导航

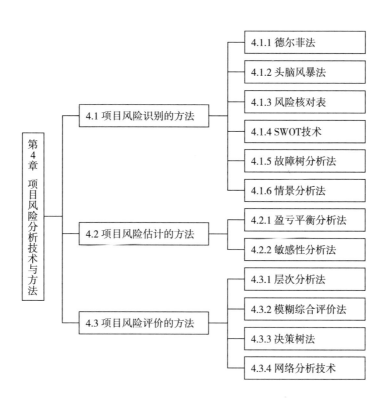

4.1 项目风险识别的方法

随着市场竞争的加剧，企业在不断探索自身经营改善、利润扩大、实现战略目标的过程中，形成不少支撑企业战略发展的项目。而在企业不断追求规模和质量发展过程中，也充分认识到项目风险深刻影响着项目的成功实施，对工程项目的风险管理必须从粗放型管理向精细化管理转变，提升项目成功率，进而避免出现企业经营发展陷入困境的状况。只有识别出项目风险，主动积极采取应对措施，才能实现项目的成功推进，达到投资者的预期目标，助力企业发展。因此，企业更好地识别项目存在的风险显得非常重要。在具体的项目风险识别过程中，可以采用一些合适的工具和技术。例如，可以采用德尔菲法、头脑风暴法等信息收集技术来获取新的项目风险信息资源；或采用风险核对表、SWOT 技术、故障树分析法、敏感性分析等从已有的资料中识别出风险事件。下面介绍几种常用的分析工具和技术。

4.1.1 德尔菲法

4.1.1.1 德尔菲法内涵

德尔菲法（Delphi），也被称为专家调查法，是由赫尔默（Helmer）和戈登（Gordon）在 20 世纪 40 年代创立的。为了避免集体讨论的缺陷，美国兰德公司于 1946 年首次采用德尔菲法进行了定性预测。此后，德尔菲法在许多领域得到了广泛的应用。

根据系统程序，德尔菲法以非会面的形式，收集、统计、整理专家对预测问题的意见，并反复征询、整理、再征询、再整理，直到达到基本一致和相对稳定的观点，即预测的初步结果。

4.1.1.2 德尔菲法步骤

具体应用步骤如图 4-1 所示。

（1）按照预测问题涉及的领域与所需专业知识，挑选组织内外部专家形成专家小组，专家之间彼此不会面。

（2）向各位专家给出预测问题，提供背景材料，专家匿名做出分析。

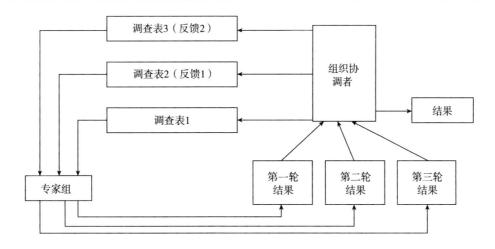

图 4-1　德尔菲法应用流程

（3）收集各位专家的第一次判断结果，整理后再分发给各专家。专家以此为基础继续分析、修改与改进自己的意见与判断，或者邀请更高级别的专家对专家组的预测结果进行评估和支持，以便专家组能够根据专家反馈意见修改自己的观点。这一过程重复进行，直至得到稳定的结果。

4.1.1.3　德尔菲法的优劣

德尔菲法采取匿名意见收集形式具有以下优点：

（1）充分激发了各位专家的专业才智，集思广益，准确性较高。

（2）避免权威人士的意见对他人造成影响。

（3）可以表达各位专家意见的分歧点，从而实现取各家之长，避各家之短。

但是，德尔菲法也存在以下局限性：

（1）反复征询、整理、再征询的多轮次过程较为复杂，研究时间不易预估。

（2）尽管在阐述问题时力求文字明确，但仍有产生歧义的可能性，或者可以做出不同解释。

（3）在第二阶段之后的调查表中，很可能出现包含问题过多的情况。

尽管如此，德尔菲法因其简便可靠的优势，仍然是项目风险评价时常用的定性预测方法。

4.1.1.4　德尔菲法应用实例

作为一种主观的、定性的方法，德尔菲法不仅可以在风险发生前做出预测，而且可以广泛应用于各种评价指标体系的建立以及具体指标的确定。

案例：某上市公司研制出一种新兴产品，但是现在市场上还没有相似的产品可以提供历史数据参考①。因此，公司需要对这种新兴产品可能的市场销售量进行预测，以决定产品产量。公司聘请了业务经理、市场专家和销售人员等 8 位专家进行预测，成立了专家小组，对该产品全年可能的销售量做出预测。8 位专家根据流程提出个人判断，并经过三次反馈，得到的结果如表 4-1 所示：

表 4-1　三次专家反馈结果统计表

专家编号	第一次判断			第二次判断			第三次判断		
	最低销量	最可能销量	最高销量	最低销量	最可能销量	最高销量	最低销量	最可能销量	最高销量
1	500	750	900	600	750	900	550	750	900
2	200	450	600	300	500	650	400	500	650
3	400	600	800	500	700	800	500	700	800
4	750	900	1500	600	750	1500	500	600	1250
5	100	200	350	220	400	500	300	500	600
6	300	500	750	300	500	750	300	600	750
7	250	300	400	250	400	500	400	500	600
8	260	300	500	350	400	600	370	410	610
平均数	345	500	725	390	550	775	415	570	770

平均值预测：最后结果是专家组综合前几次预测的反馈做出的，因此一般以最后一次判断为主。按照 8 位专家第三次判断的平均值计算，因此该产品平均销量为：（415+570+770）/3＝585。

加权平均预测：按照 0.5、0.2 和 0.3 的概率将最可能销量、最低销量和最高销量分别加权平均，因此预测产品平均销量为：570×0.5+415×0.2+770×0.3 ＝599。

中位数预测：将第三次判断的结果按照从高到低的顺序得：

最低销量：300　370　400　500　550

最可能销量：410　500　600　700　750

最高销量：600　610　650　750　800　900　1250

---

① 本案例改编自《统计预测与决策（第二版）》——德尔菲法（上海财经大学教学课件）。

最低销量、最可能销量和最高销量的中位数分别为 400、600、750。按照 0.2、0.5 和 0.3 的概率将最低销量、最可能销量和最高销量分别加权平均，则产品的预测平均销量为：$400 \times 0.2 + 600 \times 0.5 + 750 \times 0.3 = 605$。

4.1.2　头脑风暴法

4.1.2.1　头脑风暴法内涵

头脑风暴法（Brain-storming），也称智力激励法，是一种刺激创造性思维的方法。它最早由美国学者 A. F. 奥斯本于 1939 年提出，并于 1953 年正式发表。头脑风暴法通常让参与者在会议中自由发言。会议营造畅所欲言的氛围，有助于创造性思维、发散性思维和专家经验之间相互启发、激励、联想、产生共鸣和连锁反应，从而产生更多的创意和灵感。

在管理项目的过程中，头脑风暴法是一种很常用的风险识别方法，项目组通过头脑风暴会议和成员之间的充分讨论，共同分析、识别并确定项目可能存在的风险事件，以此为风险定性和定量分析提供对象，也为项目团队制定风险应对措施提供依据。在使用头脑风暴法做出风险预测时，专家应当回答以下问题：在项目实施过程中会发生什么项目风险？这些项目风险会带来什么结果？项目风险的主要成因是什么？这些风险事件的症状是什么？项目风险的基本特征是什么等。

4.1.2.2　头脑风暴法步骤

头脑风暴法的应用过程如下：

（1）准备阶段：确定讨论问题、提前准备会场、确定参会人员。

在会议开始前，应当明确此次会议的中心议题并提前分发给与会人员。

会议的所有参与者都应当具有较高的联想能力，主要由风险管理专家、风险分析专家、相关领域专家和主持人组成。其中，主持人必须具有较强的逻辑思维能力、总结分析能力、提问和引导能力，并且能够及时在会议进程中对项目风险识别结果进行总结，使参会人员能够持续发现和识别项目的不同风险和影响因素。

（2）实施阶段：宣布主题、头脑风暴。

在明确会议议题之后，参会人员轮流发言并对其发言进行会议记录。

参与者应当接收所有发言，不得发表评论，并且成员可以在自己的发言顺序下选择跳过。会议力求营造融洽轻松的氛围，促使专家们发表尽可能多的想法，会议记录应尽量原话记录所有发言。会议发言的流程可以循环进行，但到每个与会人员都曾跳过的发言时便可以停止。

（3）评价选择阶段：整理问题、评价观点、选定方案。

参会人员停止发表言论后，应一起分析每一条发言和观点。在会议尾声，应当由主持人总结重要方案或结论。

4.1.2.3 头脑风暴法原则

（1）庭外判决。参会者只有在会议最后流程才可以对不同的意见或计划做出评判。在此之前，成员不得批评和评估其他人的意见，任何想法都必须认真对待。

（2）各抒己见。会议营造自由的氛围，帮助参会者思考。

（3）追求数量。会议中产生意见越多，就越有可能产生好的意见。

（4）取长补短。除了表达自己的意见外，参会人之间可以互相补充、改进、结合他人提出的想法进行完善。

4.1.2.4 头脑风暴法的优劣

头脑风暴法可以充分发挥专家意见，在风险识别阶段进行定性分析。

头脑风暴法具有如下优势：

（1）运用团队合力，达到资源优化组合的效果。

（2）激起成员的想象力，推动发现新风险和提出解决方案。

（3）将主要的利益相关者吸纳到头脑风暴会议中，促进全面沟通。

（4）会议易于开展且流程速度较快。

头脑风暴法的局限性：

（1）与会者可能缺乏相关的专业技术或知识，难以提出切实可行的建议。

（2）由于头脑风暴会议的流程比较松散，因此难以保证会议过程的全面性，规划者的思路可能会被打断，会议最后整理的最佳方案可能是头脑发热的结果，没有经过慎重的考虑与讨论。

（3）与会者过多、层次太杂、意见难以达成一致时，经常遵从少数服从多数的规则。

（4）运行成本较高，头脑风暴会要求与会者有较高的素质，此类因素直接对实施效果产生影响。

（5）头脑风暴法不适用于具有高机密性和高专业性的问题。

4.1.2.5　头脑风暴法应用实例①

某年，美国北部极其寒冷，电线被厚重的冰雪覆盖，远距离、大跨度的电线经常被积雪压断，对通信造成了严重影响。电信公司经理尝试应用头脑风暴法解决这一难题，因此发起了一场座谈会，邀请各领域具有专业知识的 10 名技术人员参加，要求与会人员必须遵守自由思考、延迟评判、以量求质的参会原则。

参会人员很快按照会议规则讨论起来。有位技术人员提出设计一种专用的电线清雪机；有人想到用电热来化解冰雪；有人建议用振荡技术来清除积雪；还有人提出能否带上几把大扫帚，乘坐直升机去扫电线上的积雪。对于这种"坐飞机扫雪"的设想，大家心里尽管觉得滑稽可笑，但在会上也无人提出批评。相反，一位工程师在百思不得其解时，听到用飞机扫雪的想法后，一种简单可行且高效的清雪方法突然在脑海中冒了出来。他想，每当大雪过后，驾驶直升机沿电线积雪严重的路线飞行，依靠螺旋桨高速旋转产生的风将电线上的积雪扇落。他马上提出"用直升机扇雪"的新设想，顿时引起其他与会者的联想，有关用飞机除雪的主意一下子又多了七八条。不到一小时的会议时间，参会的 10 名技术人员共提出了 90 多种电线除雪方法。

会后，公司组织专家对会上提出的方法进行分类论证。专家的一些方案虽然在技术上可行，但研制费用大且周期长，一时难以见效，比如设计专用清雪机或采用电热或电磁振荡等方法清除电线上的积雪等想法。那种因"坐飞机扫雪"激发出来的几种设想，倒是一种大胆的新方案，如果可行，将是一种既简单又高效的好办法。经过现场试验，发现用直升机扇雪真能奏效，一个久悬未决的难题终于在头脑风暴会中得到了巧妙的解决。

4.1.3　风险核对表

4.1.3.1　风险核对表内涵

风险核对表（Check List Method）又称检查表、风险清单法，是最基本、最常用的风险识别方法。风险核对表是基于过去同类项目或其他来源的历史信息与知识编制的风险核对清单，使用者对照列表对每一项内容进行梳理与检查，并根据以往经验和当前项目的特点进行必要的改进，形成适用于本项目的新的风险核对表。

---

① 案例来源：MBA 智库。

风险核对表中所列的问题较为全面具体，内容丰富，具有广泛的使用性，但不能揭示某具体项目的特殊性。一个标准的风险核对表少则几页，多则上百页，可以按损失价值大小分类，可以按风险管理责任分类，也可以按风险的性质或业务流程分类，如何分类应根据项目风险管理的需要而定。

4.1.3.2 风险核对表制定步骤

（1）准确表述问题，确保达到意见统一。

（2）确定资料搜集者和原始风险清单列表等资料来源。要求资料搜集者由具体项目而定，资料来源可以是个体样本或总体；资料搜集者要有一定的耐心、时间和专业知识，以保证资料的真实可靠；搜集时间要足够长，以保证搜集的数据能够体现项目风险规律；如果在总体中有不同性质的样本，在抽样调查时要进行分类。

（3）建立本项目的风险核对表。项目成员系统地搜集资料，并对于相关资料进行初步整理、分类和分析，便可以着手制作风险核对表。为避免出现重复或遗漏，可以在复杂工作中采用工作核对表，在核对表上对每一项完成的任务做出标记，表示任务已结束。

4.1.3.3 风险核对表制定原则

（1）完整性。

在历史资料搜集中，类似项目风险清单的列表越详细、越完善越好，有助于全面识别风险管理单位面临的各种风险。

（2）可靠性。

搜集人要有一定的耐心、时间和专业知识，以保证资料的真实可靠；要有足够长的资料搜集时间，以保证搜集的数据能够体现项目风险的规律。

（3）精准性。

专家在进行类似项目历史清单列表核对时，一定要结合本项目实施的实际情况考虑其风险，并给予补充，从而准确地建立本项目风险核对表。

4.1.3.4 风险核对表的优劣

风险核对表的优点：

（1）降低风险管理的成本。

（2）在实施项目的过程中，识别、缓解并消除项目潜在风险。

（3）对于项目风险管理人员识别风险具有开阔思路、提高效率的作用。

风险核对表的缺点：

（1）风险列表难以详尽。

（2）风险核对表可能会限制管理者思维，难以识别没有在核对表中列出的风险。

（3）风险核对表缺少对风险成因的描述，难以揭露风险源间的依赖关系，缺乏对风险轻重主次的分析。

因此，在项目发起初期，风险核对表常常被用于提早预防项目风险。运用时应注重项目特殊性，以实际项目情况为重。

4.1.3.5　风险核对表应用实例

风险核对表应在基本结构基础之上，根据将要识别的风险做适当的定制，以使其更有效。风险核对表的示例如表 4-2 所示：

表 4-2　风险核对表（示例）

序号	条目	优先级	解决日期	责任人	影响	解决方案

填表人：　　　　　　　　　　　　　　　　　　　　　　填表日期：

表 4-2 根据风险管理的特点，在风险核对表上增加了优先级、解决日期、责任人、影响以及解决方案栏目，这些栏目定义了风险的几个重要方面，使风险核对表更一目了然。

风险核对表如表 4-3 所示。

表 4-3　风险核对表

商业风险	
风险类型	检查项
政治法律市场	政府或其他机构对本项目的开发有限制吗
	有不可预测的市场动荡吗
	有不利于我方的官司吗
	本产品销售后在使用过程中可能导致发生重大的损失或伤亡事故吗
	竞争对手有不正当竞争行为吗
	是否在开发很少有人真正需要却自以为很好的产品
	是否在开发可能亏本的产品

续表

商业风险	
风险类型	检查项
客户	客户端需求是否含糊不清
	客户是否频繁改动需求
	客户指定的需求和交付期限在客观上可行吗
	客户对于产品的性能等质量因素有非常过分的要求吗
	客户的合作态度友善吗
	与客户签订的合同公正吗、双方互利吗
	客户的信誉好吗
子承包商 供应商	与子承包商、供应商签订的合同公正吗、双方互利吗
	子承包商、供应商信誉好吗
	子承包商、供应商有可能倒闭吗
	子承包商、供应商能及时交付质量合格的产品吗
	子承包商、供应商有能力做好售后服务吗

管理风险	
风险类型	检查项
项目计划	对项目的规模、难度估计是否比较准确
	人力资源够用吗、合格吗
	项目所需软件、硬件能按时到位吗
	项目经费够用吗
	进度安排是否过于紧张、有合理的缓冲时间吗
	进度表中是否遗忘了重要任务
	进度安排是否考虑了关键路径
	是否可能出现某一项工作延误导致其他一连串工作的可能延误
	任务分配是否合理
	是否为了省钱而不采用成熟的软件模块
项目团队	项目成员是否存在矛盾
	是否绝大多数项目成员对项目认真负责
	绝大部分的项目成员有工作热情吗
	团队中有"害群之马"吗
	技术开发团队中有临时工吗
	本项目开发过程中是否会有核心人员辞职、调动
	是否能保证"人员流动基本不会影响工作的连续性"
	项目经理是否忙于行政事务而无暇顾及项目的开发工作

续表

管理风险	
风险类型	检查项
上级领导 行政部门 合作部门	本项目是否得到领导重视
	上级领导是否过多介入本项目事务
	行政部门的办事效率是否比较低以至于拖项目后腿
	行政部门是否经常干一些无益于生产能力的事情
	机构是否能全面、公正地考核员工工作业绩
	机构是否有较好的奖励和惩罚措施
	本项目合作部门的态度积极吗

技术风险	
风险类型	检查项
需求开发 需求管理	需求开发人员懂得如何获取客户需求吗
	需求开发人员懂得项目涉及的具体业务吗
	需求文档能够正确地、完备地表达用户需求吗
	需求开发人员能否与客户就有争议的需求达成共识
	需求开发人员能否获得客户对需求文档的承诺以保证客户不随意变更需求
综合技术 开发能力	开发人员是否有相似产品开发经验
	待开发产品是否要与未曾证实的软硬件相连接
	对开发人员而言，本项目的技术难度高吗
	开发人员是否掌握了本项目的关键技术
	如果某项技术尚未实践过，开发人员是否能在预定时间内掌握
	开发小组是否采用比较有效的分析、设计、编程、测试工具
	分析与设计工作是否过于简单，以至于让程序员边做边改
	开发小组采用统一的编程规范吗
	开发人员对测试工作重视吗、能保证测试的客观性吗
	项目有独立的测试人员吗、懂得如何高效率测试吗
	是否对所有重要工作成果进行了同行评审
	开发人员是否懂得版本控制、变更控制
	开发人员重视质量吗、是否会在进度延误时降低质量要求

4.1.4 SWOT 技术

4.1.4.1 SWOT 技术内涵

SWOT 技术分析法由美国旧金山大学管理学教授韦里克（H. Weihrich）于20世纪80年代初提出，强调从项目的每个优势（Strength）、劣势（Weakness）、机会（Opportunity）和威胁（Threat）考察项目，使各因素相互匹配起来进行综合分析，适用于项目立项的风险识别，有助于项目战略决策和系统分析。

SWOT 技术对于项目风险识别具有显著作用。

结合组织特点和分析环境特点分析项目或公司的状态，可以随着环境的变化进行动态系统分析，降低决策风险，SWOT 技术作为定性分析工具，具有很强的可操作性。可以结合 Domino 方法，从优势、劣势、机会和威胁的角度做出战略决策。

4.1.4.2 SWOT 技术步骤

SWOT 分析一般分成五步：

（1）列出组织具有的优势和劣势，以及外部可能的机会与威胁，填入道斯矩阵表的 I 、Ⅱ、Ⅲ、Ⅳ区，如表4-4所示。

表4-4 道斯矩阵

优势与劣势 机会与威胁	Ⅲ 优势（S） 列出自身优势	Ⅳ 劣势（W） 列出自身弱势
I 机会（O） 列出现有机会	V SO 战略 抓住机遇，发挥优势	Ⅵ WO 战略 利用机会，克服弱点
Ⅱ 威胁（T） 列出现有威胁	Ⅶ ST 战略 利用优势，减少威胁	Ⅷ WT 战略 弥补弱点，规避威胁

（2）将内部优势与外部机会组合，制定抓住机遇、发挥优势的战略，形成 SO 战略，填入道斯矩阵Ⅴ区。

（3）将内部劣势与外部机会组合，制定利用机会、克服弱点的战略，形成 WO 战略，填入道斯矩阵Ⅵ区。

（4）将内部优势与外部威胁组合，制定利用优势、减少威胁的战略，形成 ST 战略，填入道斯矩阵Ⅶ区。

（5）将内部劣势与外部威胁组合，制定弥补弱点、规避威胁的战略，形成 WT 战略，填入道斯矩阵Ⅷ区。

4.1.4.3 SWOT 技术应用原则

（1）SWOT 技术重比较，强调项目相对于竞争对手和行业平均水平的优势和劣势。

（2）SWOT 技术注重长期累积，要准确认识项目自身和所处行业。

（3）SWOT 技术强调承认现实，注重对现实因素的考虑，特别是对项目优缺点的分析，不是主观假设，而是基于事实的量化。

4.1.4.4 SWOT 技术的优劣

SWOT 技术的优点：

（1）考虑问题的角度较为全面，是一种系统性思维。

（2）将对于所研究问题的原因及应对策略相区分，条理清晰，便于检验。

（3）可根据调查结果对各原因进行排序或根据影响程度进行分类。

SWOT 技术的局限：

（1）SWOT 技术仅是描述性的静态分析模型。即在当前环境稳定的特定条件下，SWOT 技术的结论对项目、企业有相应的指导作用。然而，项目在面临环境动荡时，SWOT 技术的结论则缺少实际意义。

（2）SWOT 技术对于机会的变化以及企业资源和能力如何积累没有有效建议，评估过程也易受评估者的偏见影响。

4.1.4.5 SWOT 技术应用实例

科尔尼管理咨询公司（Kearney）通过 SWOT 技术分析某邮政公司所面临的优势与劣势、机会与威胁，进而得出战略的例子，如表 4-5 所示。

表 4-5　某邮政公司 SWOT 技术分析结果

	优势（Strength） 公众信任度高 顾客对于邮政服务的高度亲近感 与信任感 拥有全国范围的物流网 具有众多的人力资源 具有创造邮政/金融协同的可能性	劣势（Weakness） 上门取件相关人力及车辆不足 市场及物流专家不足 组织、预算、费用等方面的灵活性 不足 包裹破损可能性大 追踪查询服务不完善
机会（Opportunity） 电子商务普及，寄件需求增加 可以确保应对市场开放的事业自 由度 物流及 IT 等关键技术的飞跃性 发展	SO 战略 以邮政网络为基础，积极进入宅 送市场 进入 shopping mall 市场 ePOST 灵活化 开发灵活运用关键技术的多样化 邮政服务	WO 战略 构成邮寄包裹专门组织 对实物与信息的统一化进行实时追 踪及物流控制 再整理增值服务及一般服务差别化 的价格体系的制定及服务内容
威胁（Threat） 通信技术发展后，邮政需求可能 减少 现有宅送企业的设备投资及代理 增多 WTO 邮政服务市场开放的压力 国外宅送企业进入国内市场	ST 战略 灵活运用范围宽广的邮政物流网 络，树立积极的市场战略 与全球性的物流企业进行战略 联盟 提高国外邮件的收益性及服务	WT 战略 根据服务特性，对包裹详情与运送 网分别运营 对已经确定的邮政物流运营提高效 率（BPR），提高市场竞争力

内部能力 / 外部因素（表头对角）

4.1.5　故障树分析法

4.1.5.1　故障树分析法内涵

故障树分析法（Fault Tree Analysis，FTA）由 Watson 和 Meams 等于 1961～1962 年首次提出并应用。在这之后，很多部门和人员都对此方法产生浓厚的兴趣，开展了一系列的研究。比如，波音公司的一些研究人员研制了 FTA 计算程序，并将其应用于宇航领域。麻省理工学院的 Reamuse 教授所在的安全小组通过采用事件树分析法和 FTA 方法对核电站安全性进行研究，并撰写了《事件危险性评价报告》（以下简称《报告》）。该《报告》在社会上引起了极大的反响，很多人纷纷应用此方法。很快，故障树分析法从宇航和核安全领域应用推广到经济管理、社会问题、军事行动决策等更广泛领域的应用。

FTA 在分析风险时，主要是遵循从结果找原因的原则，是一种演绎的逻辑分析方法。它由总体到部分按树枝形状逐级细化项目风险形成的原因。FTA 在前期就能预测和识别各种潜在的风险，并运用逻辑推理的方法分析各种风险发生的概率，并最终提出各种控制风险因素的方案。我国对于 FTA 的研究从 1976 年就开始了，随后将其应用于各种项目中，并取得了很多成果。

4.1.5.2　故障树分析法步骤

（1）确定不想要事件。

一般来说，我们可以通过有工程背景的系统分析师和充分了解系统设计的工程师来列举不想要事件。有些事件很容易分析得到不想要事件，而有些事件可能会比较困难。故障树分析法可以用来分析不想要事件，一个故障树分析法只能对应一个不想要事件。

（2）获得系统的相关资讯。

在确定了不想要的事件后，我们需要研究并分析所有影响不想要事件的原因及发生的概率。评估得到确定的概率需要很高的成本和时间，可行性比较低。而电脑软件的出现恰恰解决了这类担忧，不仅可以用来研究相关概率，而且可以用来进行成本较低的系统分析。通过对系统知识的了解，可以帮助我们避免遗漏任何一个造成不可能事件的原因。最后，我们将所有的事件和发生的概率列出来，从而绘制出故障树。

（3）绘制故障树。

通过确定不想要事件，并且分析系统，我们了解了所有造成不想要事件的原因以及发生的概率。基于此，我们就可以绘制故障树。故障树由或门和与门构成，从而定义故障树的主要特性。

（4）评估故障树。

在针对不想要事件绘制故障树后，我们需要评估所有可能的改善方法，从而更好地进行风险管理，以达到完善系统的目的。总而言之，这个步骤就是要设法找出降低不想要事件发生概率的所有可能方法。

（5）控制所识别的风险。

这个步骤主要在于识别所有风险之后，确认使用所有可能的方式来降低不可能事件的发生概率。此步骤会随系统的不同而改变。

4.1.5.3　故障树分析法的优劣

故障树分析法的优点：

（1）FTA 是针对事故在一定条件下的一种图解演绎法和逻辑推理方法。它能深入分析某一特定事故，表达故障单元与事故之间的内在联系，指出故障单元与事故之间的逻辑关系，找出薄弱环节。

（2）FTA 具有相当的灵活性，可以分析一些单位和特殊原因导致事故的后果，如人为因素和环境因素。

（3）事故发生的概率可以算出来。FTA 还可以在分析过程中为系统的安全性改进和评价提供定量的证据，以提高系统的安全性。

故障树分析法的缺点：

（1）FTA 分析不擅长推测导致事故发生原因的可能性。

（2）FTA 分析的局限性在于不是针对一个设备系统或过程做分析，而只是针对一个特定的事故做分析。

（3）FTA 分析对被忽视的事件以及被忽视操作条件或环境条件没有有效的正式控制。最好的预防措施是让几个分析师进行独立的分析。

（4）当编制的系统较为复杂时，编制的步骤多，计算复杂，编制而成的故障树也很庞大。

（5）定量 FTA 的一个主要困难在于缺乏可靠和相关的故障率数据以及事件的概率。

4.1.5.4 故障树分析法应用实例

在分析案例之前，我们先了解故障树部分逻辑符号以及定义，如表 4-6 所示。

表4-6 故障树分析法中常用符号

逻辑符号	符号名称	定义
	与门	指只有当所有的输入事件都发生时，输出事件才发生
	或门	指至少有一个输入事件发生时，输出事件才发生
	禁止门	指只有条件事件发生时，输入事件的发生方所导致的输出事件才发生

续表

逻辑符号	符号名称	定义
	异或门	指只有当单个输入事件发生时，输出事件才发生
	中间事件	指需要进一步分析的故障事件
	基本事件	指分析中无须探明其发生原因的事件

我们以某家电力公司的生产线项目为例，来系统地阐述故障树分析方法的应用[①]，如图 4-2 所示。

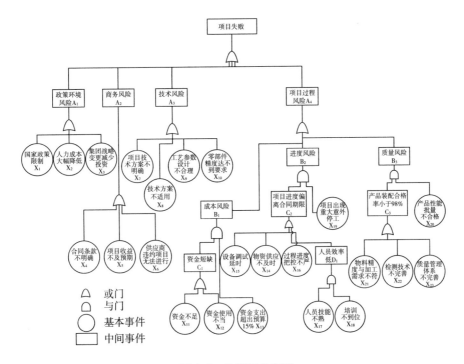

图 4-2　故障树分析图

[①] 案例来源：黄贤彦. 故障树分析在项目风险管理中的应用［J］. 中小企业管理与科技（下旬刊），2019（09）：33-34.

（1）项目风险故障树结构式表达。

根据图4-2中的故障树分析图可以得到该项目故障树结构函数，表示如下：

$$F = A_1 + A_2 + A_3 + A_4 = \sum_{I=1}^{3} X_i + \sum_{I=4}^{6} X_i + \sum_{I=7}^{10} X_i + B_1 + B_2 + B_3$$

$$= \sum_{I=1}^{10} X_i + C_1 \cdot X_{13} + C_2 \cdot X_{19} + C_3 \cdot X_{20}$$

$$= \sum_{I=1}^{10} X_i + (X_{11} + X_{12}) \cdot X_{13} +$$
$$(X_{14} + X_{15} + X_{16} + D_1) \cdot X_{19} +$$
$$(X_{21} + X_{22} + X_{23}) \cdot X_{20}$$

$$= \sum_{I=1}^{10} X_i + X_{11} \cdot X_{13} + X_{12} \cdot X_{13} + X_{14} \cdot X_{19} +$$
$$X_{15} \cdot X_{19} + X_{16} \cdot X_{19} + X_{17} \cdot X_{18} \cdot X_{19} +$$
$$X_{21} \cdot X_{20} + X_{22} \cdot X_{20} + X_{23} \cdot X_{20} \quad (4-1)$$

（2）基本事件概率的计算。

对各基本事件发生的可能性来进行分类。基本事件的类别和概率分别为：几乎不发生的事件 $P_1 = 0.005$、较不可能发生的事件 $P_2 = 0.05$、较可能发生的事件 $P_3 = 0.25$、大概率事件 $P_4 = 0.5$。再根据专家判断的投票结果，就可以计算出各基础事件 X_i 的平均概率值 P_i：

$$P_i = \frac{P_1 \cdot N_1 + P_2 \cdot N_2 + P_3 \cdot N_3 + P_4 \cdot N_4}{N_1 + N_2 + N_3 + N_4} \quad (4-2)$$

$N_1 \sim N_4$ 分别表示对应事件级别的专家投票数量，$P_1 \sim P_4$ 分别表示该事件级别所对应的概率。

选取10名公司内部的专家，让他们对各基础事件进行分析判断，最后做出投票。我们根据式（4-2）对专家的投票结果进行测算，最终求得各基础事件 X_i 的平均概率 P_i。结果如表4-7所示。

表4-7　专家评估判断

事件级别概率　　　基础事件 X_i	几乎不发生的事件 $P_1 = 0.005$	较不可能发生的事件 $P_2 = 0.05$	较可能发生的事件 $P_3 = 0.25$	大概率事件 $P_4 = 0.5$
X_1	7	2	1	0
X_2	7	2	1	0

续表

事件级别 概率 基础事件 X_i	几乎不发生的事件 $P_1 = 0.005$	较不可能发生的 事件 $P_2 = 0.05$	较可能发生的事件 $P_3 = 0.25$	大概率事件 $P_4 = 0.5$
X_3	6	3	1	0
X_4	3	6	0	1
X_5	1	6	2	1
X_6	2	4	4	0
X_7	3	6	1	0
X_8	6	3	1	0
X_9	4	4	1	1
X_{10}	6	3	1	0
X_{11}	6	3	1	0
X_{12}	2	4	3	1
X_{13}	3	4	2	1
X_{14}	4	5	0	1
X_{15}	2	2	4	2
X_{16}	3	5	1	1
X_{17}	3	4	2	1
X_{18}	4	4	1	1
X_{19}	5	3	2	0
X_{20}	2	4	4	0
X_{21}	2	3	4	1
X_{22}	3	4	3	0
X_{23}	4	4	1	1

根据表 4-7 中的专家投票结果，用式（4-2）计算得出各个基础事件 X_i 对应的发生概率 P_i，如表 4-8 所示。

表 4-8　各基础事件 X_i 的发生概率 P_i

基础事件 X_i	平均概率 P_i	基础事件 X_i	平均概率 P_i
X_1	0.0385	X_3	0.0430
X_2	0.0385	X_4	0.1060

续表

基础事件 X_i	平均概率 P_i	基础事件 X_i	平均概率 P_i
X_5	0.1305	X_{15}	0.2110
X_6	0.1210	X_{16}	0.1665
X_7	0.0565	X_{17}	0.1415
X_8	0.0430	X_{18}	0.0970
X_9	0.1415	X_{19}	0.0675
X_{10}	0.0430	X_{20}	0.1210
X_{11}	0.0430	X_{21}	0.1660
X_{12}	0.1460	X_{22}	0.0965
X_{13}	0.1215	X_{23}	0.1215
X_{14}	0.1015		

（3）项目风险评价。

根据表 4-8 中各基础事件的发生概率，用式（4-1）计算得出项目早期的失败风险为高风险，概率为 0.766。需要对其中的重点事件进行提前应对，降低事件发生的概率，进而降低项目失败的概率。从式（4-1）中可以得出 $X_1 \sim X_{10}$ 以及 X_{13}、X_{19}、X_{20} 是重要事件，它们决定了项目风险的水平级别。

4.1.6 情景分析法

4.1.6.1 情景分析法内涵

情景分析法（Scenario Analysis）作为一种预测技术，首先由美国 SIIELL 公司科研人员 Pierr Wark 于 1972 年提出。情景分析法的目的是描述系统由当前发展到未来的一系列事件以及分析系统状态未来发展的可能性，并预测各种可能的趋势和结果。

一个耗时长的项目往往要考虑各种技术、经济和社会等因素的影响。在此类项目的风险管理中，情景分析法可用于预测和分析主要风险因素及其影响程度，并有效处理和监控风险因素。将情景分析引入项目管理，即基于未来开发设计风险因素的几个关键假设，通过对未来的严格分析和解释来预测风险因素，并评估其对项目目标的影响，进而为制定风险控制措施和风险监控提供有价值的信息。

4.1.6.2 情景分析法步骤

运用情景分析法进行项目风险管理有以下六个步骤：

（1）明确项目管理目标。关键风险因素主要影响项目管理的整体目标，包括工作范围、进度计划、成本和绩效等方面。

（2）识别关键风险因素。考虑在特定的时间和空间范围内什么因素可能会导致风险的发生，进而识别出影响项目目标实现的关键风险因素及其特性。

（3）分析与预测关键因素。对风险因素进行定性和定量分析，基于假设对风险因素发生的概率及可能对项目目标造成的影响做出评估。

（4）情景构建与描述。作为情景分析的核心步骤，情景设计和描述以风险识别和分析的结果为基础，系统地分析项目内外的相关问题并预测可能面临的情景，采用文字或图表等形式尽可能描述所有可能情况。

（5）情景分析与预测。基于情景构建与描述确认相对确定的情景，运用其他传统的风险分析与评价技术，模拟各种情景的发展路径，量化各情境下项目可能的结果以及风险因素对项目目标的影响。

（6）风险应对与监控。根据项目分析和预测过程的结果，充分考虑促成这些结果的项目目标和情景行动，得出不同情景的对策。随着项目的实施，风险因素中的一些不确定性逐渐显现，通过检验主要指标和预测确定情景，采用相应的风险应对策略。

4.1.6.3 情景分析法特点

情景分析法具有如下特点：

（1）预测结果具有多样性，因为项目发展有多种可能趋势。

（2）强调影响系统发展的关键因素，注重了解组织内部环境。

（3）充分发挥主观想象力，强调决策者主观意愿在分析中的重要性。

（4）定量与定性分析相结合。

4.1.6.4 情景分析法的优劣

情景分析法主要适用于未来发展相对稳定的情形，模拟结果较为精准。但是情景分析法具有以下局限性：

（1）情景发展稳定性较差时，分析或许不够现实。

（2）数据的有效性难以保证，分析师和决策者对于现实情境的掌握难度较大。

（3）数据随机性较强，可能出现情景的缺乏依据。

4.1.6.5 情景分析法应用实例

情景分析法可用来预计威胁和机遇可能发生的方式，以及如何将威胁和机遇用于评估各类长期及短期风险。通过模拟不确定性情景对组织面临的风险进行定性和定量分析。

以下给出一家企业在评估一项投资项目的风险时所进行的情景分析，如表 4-9 所示。

表 4-9　某企业评估项目投资风险的情景分析

因素		最佳情景	基准情景	最差情景
影响因素	市场需求	不断提升	不变	下降
	经济增长	增长 5%～10%	增长<5%	负增长
发生概率		20%	45%	35%
结果		投资项目可在 5 年后达到收支平衡	投资项目可在 10～15 年达到收支平衡	不确定

4.2　项目风险估计的方法

项目风险估计是在项目风险识别基础上，从风险管理的角度出发，估计项目中各个风险发生的可能性，再根据潜在危险大小进行优先排序的过程。风险估计有很多种方法，这里重点讨论经济评价使用的盈亏平衡分析法和敏感性分析法。

4.2.1　盈亏平衡分析法

4.2.1.1　盈亏平衡分析法内涵

盈亏平衡分析（Break-even Analysis）的基本原理是在一定的市场、生产能力及经营管理条件下，根据产品的产量或销量、成本、利润之间的制约关系，研究成本与收益平衡关系的方法。从而用这种方法达到预测利润、控制成本、判断经营状况的目的。

盈亏平衡分析是通过盈亏平衡点分析项目成本与收益平衡关系的一种方法。平衡点是相对某一因素来说的，当这一因素的变化达到某一临界值时，就会影响方案的取舍。这种临界值称为该因素的盈亏平衡点。这里所说的某一因素就是影响风险的确定性因素。盈亏平衡分析对于了解企业产生利润的整体能力是非常有用的。对于盈亏平衡点接近最大销售水平的公司来说，这意味着即使在最好的情况下，企业也几乎不可能获得利润。因此，不断监控盈亏平衡点是管理层的责任。

这种方法主要适用于以下三种情况：

（1）开始新业务。它不仅有助于决定创业的想法是否可行，而且会迫使创业公司对成本采取现实的态度，并为定价策略提供基础。

（2）改变商业模式。如果公司要改变商业模式，那么必须进行盈亏平衡分析。成本可能会发生相当大的变化，盈亏平衡分析将有助于确定销售价格。

（3）创建新产品。在现有业务的情况下，公司仍然应该在推出新产品之前进行盈亏平衡分析——特别是当这种产品将增加一大笔支出时。

4.2.1.2　盈亏平衡分析法步骤

盈亏平衡分析一般是根据项目的固定成本、可变成本和销售额等数据计算盈亏平衡点。盈亏平衡点或盈亏平衡水平代表销售额需要覆盖总成本，包括公司的固定成本和可变成本。盈亏平衡点的总利润为零。这意味着商品的销售价格必须高于公司为该商品或其组件支付的初始价格（可变成本和固定成本）。一旦超过盈亏平衡价格，公司就开始盈利。一般来说，固定成本较低的公司，其盈亏平衡点也较低。由于销售收入与销售量、销售成本与销售量之间存在着线性和非线性两种可能的关系，因此盈亏平衡分析也可分为线性盈亏平衡分析和非线性盈亏平衡分析。

（1）线性盈亏平衡分析。

线性盈亏平衡分析是指销售收入与销售量、销售成本与销售量之间的关系为线性关系情况下的盈亏平衡分析。这种关系可表示为：

年总收入：$T_r = pQ$　　　　　　　　　　　　　　　　　　　　　　　（4-3）

年总成本：$T_c = wQ + F$　　　　　　　　　　　　　　　　　　　　　（4-4）

年总利润：$P_t = T_r - T_c = pQ - wQ - F = (p - w)Q - F$　　　　　（4-5）

其中，T_r 表示年销售总收入；T_c 表示年销售总成本；P_t 表示年总利润；Q 表示年销售量；p 表示产品价格（单价）；F 表示年固定成本；w 表示单位产品变动成本。

线性盈亏平衡点的确定方法一般有两种：一种是图表法，另一种是解析法。

第一种：图表法。

图表法是将项目销售收入函数和销售成本函数在同一坐标图上描述出来，从而得到图4-3所示的盈亏平衡图，图中两条直线的交点就是盈亏平衡点（Break Even Point，BEP）。

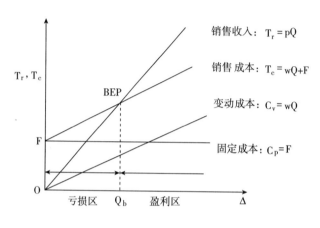

图中标注：
销售收入：$T_r = pQ$
销售成本：$T_c = wQ+F$
变动成本：$C_v = wQ$
固定成本：$C_p = F$

纵坐标：T_r，T_c

横坐标：亏损区　Q_b　盈利区　Δ

图 4-3　盈亏平衡图

如图4-3所示，纵坐标表示销售收入和销售成本，横坐标表示销售量。图中Q_b为盈亏平衡点BEP所对应的盈亏平衡销量（或称盈亏界限）。在盈亏平衡点BEP的右边，销售量大于盈亏界限Q_b，销售收入大于销售成本，风险主体盈利；在盈亏平衡点BEP的左边，销售量小于盈亏界限Q_b，销售收入小于销售成本，风险主体亏损；在盈亏平衡点BEP，销售量等于盈亏界限Q_b，销售收入等于销售成本，项目不亏不盈。因此，盈亏平衡点BEP就构成了风险主体盈利和亏损的临界点，该临界点越靠近纵坐标，盈利的机会就越大，亏损的风险就越小。从风险管理的角度来看，管理者应设法确保产出达到甚至超过产量盈亏界限。由于盈亏平衡点是由收入和成本共同作用的结果，因此，要改善盈利机会，还必须尽量降低固定成本和可变成本。

第二种：解析法。

解析法是指通过求解方程来确定盈亏平衡点。根据盈亏平衡原理，在盈亏平衡点上销售收入和销售成本相等。由年总收入和年总成本的公式可以得到：

$pQ = wQ+F$

由年总利润的公式可得：

1）盈亏平衡产量或销售量，即盈亏平衡界限：$Q_b = \dfrac{F}{p-w}$。

2）盈亏平衡收入：$T_r^* = \dfrac{pF}{p-w} = \dfrac{F}{1-\dfrac{w}{p}}$，式中各符号含义同前。

3）生产负荷率。设年设计产出能力为 Q_t，则定义 Q_b 与其比值为生产负荷率：

$$\text{BEP}（Q）= \dfrac{Q_b}{Q_t} = \dfrac{F}{(p-w)\,Q_t} \times 100\%。$$

生产负荷率是衡量生产负荷状况的重要指标。在多种方案比较中，生产负荷率越低越好。一般认为，当生产负荷率不超过 0.7 时，系统可承受较大风险。

4）盈亏平衡点价格：$P^* = w + \dfrac{F}{Q_t}$。

5）盈亏平衡点单位产品变动成本：$W^* = p - \dfrac{F}{Q_t}$。

以上各式对盈亏平衡点的分析计算都是以假设式中的其他因素不变为前提条件的，因此有一定的局限性，而且也未考虑税金这个因素。在实际分析中，应对税率加以考虑，则上述公式发生变动：

$$（P-r）Q = wQ + F；\quad Q_b = \dfrac{F}{p-r-w}；\quad T_r^* = \dfrac{F}{1-\dfrac{w}{p-r}}$$

$$\text{BEP}（Q）= \dfrac{Q_b}{Q_t} = \dfrac{F}{(p-r-w)\,Q_t} \times 100\%；\quad P^* = w + \dfrac{F}{Q_t}；\quad W^* = p - r - \dfrac{F}{Q_t}$$

其中，r 表示单位产品价格中包含的税金，其余字母含义同上。

利用上述各式计算得到的结果与预测值进行比较，即可判断各风险的承受能力。同时还可以发现：固定成本越高，盈亏平衡产量越高，盈亏平衡单位变动成本越低。高的盈亏平衡产量和低的盈亏平衡变动成本意味着经营风险较大，因此固定成本有扩大风险的效应，在实际的管理决策以及设备、工艺等选择中，应给予足够的重视。

（2）非线性盈亏平衡分析。

非线性盈亏平衡问题在现实中很常见。如在实际的项目管理实践中，经常会受到政策变化、使用需求等各种环境变化的影响，这会使销售收入、销售成本和销售量呈非线性的关系。因此，在项目管理实践中使用非线性盈亏平衡分析法来计算盈亏平衡点，下面用解析法来分析计算。

假设非线性销售收入函数与销售成本函数用一元二次函数表示：

销售收入函数：$R(Q) = xQ + yQ^2$

销售成本函数：$C(Q) = z + mQ + nQ^2$

其中，x、y、z、m、n 为常数，Q 为产量。

根据盈亏平衡原理，在盈亏平衡点有 $R(Q) = C(Q)$，可以得出：

$$xQ + yQ^2 = z + mQ + nQ^2$$

解此方程，得到盈亏平衡界限：

$$Q = -\frac{m-x}{2(n-y)} \pm \frac{\sqrt{(m-x)^2 - 4(n-y)z}}{2(n-y)}$$

由上式可得，销售收入和销售成本曲线有两个交点，因此有两个盈亏平衡点 Q_{b1}^* 和 Q_{b2}^*，设 $Q_{b1}^* < Q_{b2}^*$，如果产量或销售量低于 Q_{b1}^* 和高于 Q_{b2}^*，项目都是亏损的，只有在 Q_{b1}^* 和 Q_{b2}^* 这两个值之间，项目才会盈利。当产品的销售量在 Q_{b1}^* 与 Q_{b2}^* 之间时，项目盈利 B 为：

$$B = R(Q) - C(Q) = xQ + yQ^2 - (z + mQ + nQ^2)$$

在最大的利润点上，边际利润等于零，因此，对上式进行求导，可以求得最大利润产量 $Q_{max\,B}^*$：

$$\frac{dB}{dQ} = 2(y-n)Q + (x-m) = 0$$

$$Q_{maxB}^* = \frac{m-x}{2(y-n)}$$

在最大利润点的左侧，利润率上升；在最大利润点的右侧，利润率下降。

4.2.1.3　盈利平衡分析法应用实例

该方法的实例我们放到第 5 章项目投资风险分析中。

4.2.2　敏感性分析法

4.2.2.1　敏感性分析内涵

敏感性分析（Sensitivity Analysis）可以用来评估与项目相关的一个或多个主要因素发生变化时对该项目投资价值指标的影响程度，是一种分析投资项目经济评估中不确定性的重要方法。这种方法也能考察因素的变化对预期目标实现造成的影响，从而能够明确项目对各种风险的承受程度。在整个项目的生命周期中，不同的因素对项目的影响程度也是不同的。我们可以据此把项目中的因素分成两种：第一种是敏感性因素，这些因素很微小的变化就能导致项目投资价值指标很大程度的改变，甚至于超过一个临界点（临界点是指在该点处，所分析的因素使得项目的状态从被接受变为被否决），从而最终对项目的管理决策造成影响。第二种是不敏感因素，这些因素即使在很大的范围内发生改变也不会对项目投资价值指标造成较大的影响。

通过敏感性分析方法，可以掌握某些参数错误或数据的不可靠可能造成的对在软件项目经济分析中的投资价值指标的影响程度。这可以帮助确定项目投资决策过程中需要重点研究和测算的因素。由于项目管理活动一般都处于一种动态的复杂环境中，所以经常性地进行项目风险的敏感性分析是很有必要的。

敏感性分析的主要目的是了解各种不确定因素，为项目的正确决策提供依据。它需要在项目众多的不确定性因素中，找出项目中的敏感性因素和不敏感性因素，从而分析并估算敏感性因素对项目活动的影响程度。具体而言，它主要有以下几个方面的作用：

（1）评估项目的风险情况。

（2）明确能够影响项目的重要因素。

（3）可以找出敏感性因素能够承受的变动范围。

（4）可以通过比较分析不同项目方案的风险情况，达到方案优化的目的。

（5）计算出项目的临界点，从而能够通过控制措施或者可替代方案降低项目风险。

4.2.2.2　敏感性分析步骤

敏感性分析通过独立检查每个假设或因素，同时保持其他所有因素不变，成本估算者可以评估结果，以发现哪些假设或因素对估算的影响最大。敏感性分析还需要估计重要成本驱动输入因素的不确定性范围。为了确定关键的成本驱动因素是什么，成本估算人员需要确定每个成本因素所代表的总成本的百分比。在最高百分比的成本因素中，主要的贡献变量是在敏感性分析中应该变化的关键成本驱动因素。

一个可信的敏感性分析通常有六个步骤：

步骤一，确定敏感性测试的关键成本动因、基本规则和假设。

步骤二，通过选择其中一个成本动因，在两个设定的金额之间变化，重新估算总成本。例如，最大值和最小值或性能阈值。

步骤三，记录结果。

步骤四，重复步骤二和步骤三，直到步骤三中确定的所有因素都独立测试完毕。

步骤五，评估结果，以确定哪些因素对成本估计影响最大。

步骤六，根据排序结果，优化决策，比如可以优先考虑敏感性大的因素。

4.2.2.3 敏感性分析的优劣

敏感性分析优化企业营运管理。这一工具可以用于企业营运管理的方方面面，能够优化企业的营运能力。敏感性分析有如下优点和缺点：

（1）敏感性分析的优点。

敏感性分析主要应用于营运管理，相比其他营运管理工具（如本量利分析、边际分析），其优点主要有以下四点：

1）深入分析。当进行敏感性分析时，对每个自变量和因变量进行深入分析。这样的深入分析将带来更准确的未来预测。

2）识别"弱点"。由于敏感性分析独立地研究每个变量，它可以识别出可能作为弱点的关键变量。

3）敏感性分析的结果是有数据支持的预测。当所有的变量都被考虑、所有的结果都被分析时，管理人员就会很容易做出关于商业投资的决策和关于市场投资的决策。因此，它是未来规划的一个非常有用的工具。

4）合理分配资源。如前所述，敏感性分析可以识别出强弱区域，并测量它们对最终目标的影响。这有助于管理层将资源定向到最需要这些资源的变量。

（2）敏感性分析的缺点。

敏感性分析在使用过程中决策者应当注意以下三点：

1）基于假设。敏感性分析基于历史数据和管理假设。如果这些假设本身是错误的，那么整个分析将是错误的，对未来的预测也将是不准确的。

2）敏感性分析单独考虑每个变量，并试图确定结果。在现实世界中，所有的变量都是相互关联的。这实际上是一个不完整的分析。因此，我们可以说这种分析为预测提供了深度，但没有考虑其广度。

3）通过该方法只能找出敏感性因素，不能提供有效的改变该因素敏感程度的方案。

4.2.2.4　敏感性分析应用实例

该方法的实例我们放到第 5 章项目投资风险分析中。

4.3　项目风险评价的方法

风险评价方法一般可分为定性、定量、定性与定量相结合三类，有效的项目风险评价方法一般采用定性与定量相结合的系统方法。对项目进行风险评价的方法有很多，常用的有层次分析法、决策树法、模糊综合评价法等。

4.3.1　层次分析法

4.3.1.1　层次分析法内涵

层次分析法（Analytic Hierarchy Process，AHP），是由美国著名运筹学家 Thomas Saaty 于 20 世纪 70 年代提出的，是一种实用的多方案或多目标的决策方法。由于它能有效地对难以完全定量的复杂系统做出决策，从而迅速在世界范围内得到重视。它的应用已遍及各大领域。在实际工作中，层次分析法经常和德尔菲法、百分权重法结合，用于确定评价指标的权重。

层次分析法是对非定量事件进行定量分析的一种简便易行的方法。它通过将研究对象视为一个决策系统，符合分解、比较、综合的思维方式，成为系统分析的重要工具。根据构件与隶属度之间的关系，利用层次分析法建立了构件的多级结构。它通过将问题进行逐层分析的方法来对风险项目进行评判。这种方法能将无法量化的风险按照大小排序做一个区分。

4.3.1.2　层次分析法步骤

层次分析法主要有以下四个基本步骤，其具体用法将在后面讨论。

（1）建立层次结构模型。

在深入分析实际问题的基础上，将与项目风险有关的各个因素，按照不同属性自上而下地分解成若干层次。对于项目风险严重性度量而言，一般使用项目、项目风险、项目风险后果三个层次即可。其中，项目风险后果在最下面一层，但是从属于上一层的项目风险，或者对上一层的项目风险有影响。同时，项目风险既从属于最上一层的项目，又是下一层项目风险后果的直接统领。所以，用于项目风险严重性度量的层次分析法，一般最上层为项目层，而通常只有一个因素，最下层为项目风险结果层，可以有多种不同的项目风险结果。通常，中间层可以有一个项目风险层次或几个项目风险层次，这要视项目的复杂程度和项目风险的分类和分层程度而定。层次分析法所构造的层次结构一般有三种类型：①完全相关性结构，即上一层的每一要素与下一层的所有要素是完全相关的。②完全独立结构，即上一层要素都各自独立，都有各不相干的下一层要素。③混合结构，是上述两种结构的混合，即是一种既非完全相关又非完全独立的结构。

（2）构造判断（成对比较）矩阵。

从这种层次结构分析模型中的项目风险层开始，同层中从属于一个上层因素的各因素，都需要使用两两比较的方法去确定项目风险或项目风险后果的严重性。这种两两比较的结果需要使用1~9的标度进行表示，而这种两两比较的列表皆可构成所谓的两两比较矩阵。

（3）计算权重向量并做一致性检验。

对于每一个项目风险或项目风险后果的比较矩阵，都能通过计算比较矩阵的最大特征根和对应的特征向量得到比较结果。然后，可以用一致性指标、随机一致性指标以及一致性比率来检验这个比较矩阵的一致性。如果检验的结果显示比较矩阵是一致的，即可获得通过，从而使用特征向量（归一化后）作为后续"和积法"计算权重向量。否则，需要重新构建两两比较矩阵并给出新的比较结果。

（4）利用"和积法"给出度量结果。

首先计算最下层的因素对于目标的组合权向量，然后可以根据公式进行组合的一致性检验。如果检验能通过，则根据组合权向量的结果进行相应的决策。否则，需要重新考虑模型，或者重构一致性比较大的成对比较矩阵。

4.3.1.3 层次分析法的优劣

层次分析法的优点：

（1）系统性强。它运用分解、比较、综合的思维方式，把一个棘手的问题分成几个小步骤来解决。

（2）实用性强。它把定性方法与定量方法有机地结合起来。

（3）所需的数据主要为定性数据。主要体现了评价者对评价问题的本质、要素的理解。

层次分析法的缺点：

（1）该方法只能从已有的方案中选出较优的方案，不能为决策提供新的方案。

（2）由于定性数据多、定量数据少的特点，客观性欠佳，不易被人相信。

（3）当选取的指标较多时，数据的统计工作将会变得烦琐，并且指标的权重不易确定。

（4）要想求得精确的特征向量和特征值，求解过程很复杂。

4.3.1.4　层次分析法应用实例

项目风险因素评价为取得最佳评价结果，本案例①采用层次分析法来对不同指标进行评判。具体使用过程是将存在的问题按照总目标、子目标以及其他分解方式进行分解，在对其进行分解时，做出矩阵图，然后对所分解的项目求特征向量，得出每一级对上一级的权重，最后将这些权重加权，进而得出不同风险因素的总权重。根据最终权重结果评判出最可能出现的风险因素。

层次分析法的详细步骤如下：

（1）根据该项目具体内容分解因素层次，从而构建层次结构，详细层次分解如表 4-10 所示。

表 4-10　XX 工程项目风险因素层次结构

		任务分工（C1）1
	组织风险（B1）	组织结构（C1）2
		工作流程（C1）3
		经济（C2）1
	环境风险（B2）	市场（C2）2
		政治（C2）3
XX 工程项目风险因素（A）		设计（C3）1
	技术风险（B3）	实施（C3）2
		运行（C3）3
		计划（C4）1
	管理风险（B4）	协调（C4）2
		控制（C4）3

根据表 4-10 所示建立 XX 工程项目风险结构模型，如图 4-4 所示。

---

① 本案例改编自丁少华于 2018 年的 LZ 先导专项（B 类）项目风险识别与对策研究。

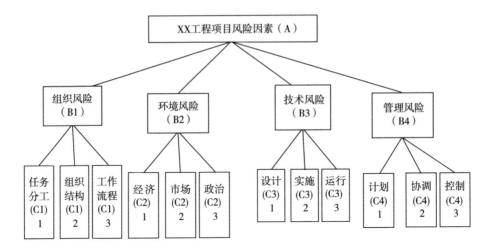

图4-4　XX工程项目风险因素层次结构模型

（2）建立风险因素各层次两两比较矩阵并计算权重。

第一步：指标之间比较量化值规定如表4-11所示。该标度表的范围为1~9。

表4-11　1~9比例标度表

因素i比因素j	标度
各因素同等重要	1
稍微重要	3
较强重要	5
强烈重要	7
极端重要	9
两相邻判断的中间值	2，4，6，8
倒数	$a_{ij} = 1/a_{ji}$

第二步：在该步骤中主要为各因素随机提供R1标准对照指标，如表4-12所示。

表4-12　R1标准对照指标表

矩阵阶数	1	2	3	4	5	6	7	8	9	10
R1值	0.00	0.00	0.52	0.89	1.12	1.26	1.36	1.41	1.46	1.49

第三步：在该步骤中主要为矩阵提供比较对象，也就是为总目标矩阵提供比较对象，一般来说可以用算术平均法和几何平均法计算权重，这里我们主要介绍几何平均法。权重的计算方法如下：

首先计算判断矩阵每一行元素的乘积。

$$M_i = \prod_{j=1}^{n} a_{ij} \tag{4-6}$$

其中，M_i 表示第 i 行各元素的乘积，a_{ij} 表示第 i 个元素与第 j 个元素的关系比值。

再计算 M_i 的 n 次方根。

$$W_i = \sqrt[n]{M_i} \tag{4-7}$$

其中，W_i 表示第 i 行各元素的乘积和 n 次方根，M_i 表示第 i 行各元素的乘积。

分别计算出权重结果如表 4-13 所示：

表 4-13 A-B 的比较矩阵

A-B	B1	B2	B3	B4	权重
B1	1	1/4	2	1/3	0.117
B2	4	1	8	2	0.518
B3	1/2	1/8	1	1/5	0.061
B4	3	1/2	5	1	0.303

由表 4-13 可知，在 XX 工程项目中，组织风险权重为 0.117，环境风险权重为 0.518，技术风险权重为 0.061，管理风险权重为 0.303。

表 4-14 B1-C 的比较矩阵

B1-C	C11	C12	C13	权重
C11	1	5	7	0.740
C12	1/5	1	2	0.167
C13	1/7	1/2	1	0.094

由表 4-14 可知，在 XX 工程项目的组织风险中，任务分工风险权重为

0.740，组织结构风险权重为 0.167，工作流程风险权重为 0.094。

表 4-15　B2-C 的比较矩阵

B2-C	C21	C22	C23	权重
C21	1	1/4	2	0.182
C22	4	1	8	0.727
C23	1/2	1/8	1	0.091

由表 4-15 可知，在 XX 工程项目的环境风险中，经济风险权重为 0.182，市场风险权重为 0.727，政治风险权重为 0.091。

表 4-16　B3-C 的比较矩阵

B3-C	C31	C32	C33	权重
C31	1	1/3	2	0.230
C32	3	1	5	0.648
C33	1/2	1/5	1	0.122

由表 4-16 可知，在 XX 工程项目的技术风险中，设计风险权重为 0.230，实施风险权重为 0.648，运行风险权重为 0.122。

表 4-17　B4-C 的比较矩阵

B4-C	C41	C42	C43	权重
C41	1	5	2	0.595
C42	1/5	1	1/2	0.129
C43	1/2	2	1	0.277

由表 4-17 可知，在 XX 工程项目的管理风险中，计划风险权重为 0.595，协调风险权重为 0.129，控制风险权重为 0.277。

第四步：进行一致性检验。计算判断矩阵中每个因素的权重向量，并进行一次性检验，结果如表 4-18 所示。

表 4-18 **A-B 中 λMaz、CI、RI 求值示意**

	A	B	C	D	E	F	G	H	I	J	K	L
1	A-B	B1	B2	B3	B4	按行相乘	开 n 次方	权重 Wi	Awi	Awi/Wi	CI	CR
2	B1	1	1/4	2	1/3	0.167	0.639	0.117	0.47	4.017		
3	B2	4	1	8	2	64.000	2.828	0.518	2.08	4.020		
4	B3	1/2	1/8	1	1/5	0.013	0.334	0.061	0.25	4.003		
5	B4	3	1/2	5	1	7.500	1.655	0.303	1.22	4.023		
6						5.457				4.015	0.052	0.006

在该处使用与表 4-18 相同的方法及计算出对应数值,B1-C、B2-C、B3-C、B4-C 矩阵的比较结果如表 4-19 至表 4-22 所示。

表 4-19 **B1-C 中 λMaz、CI、RI 求值示意**

B1-C	C11	C12	C13	按行相乘	开 n 次方	权重 W_i	Awi	Awi/W_i	CI	CR
C11	1	5	7	35.000	3.271	0.740	2.229	3.014		
C12	1/5	1	2	0.400	0.737	0.167	0.502	3.014		
C13	1/7	1/2	1	0.071	0.415	0.094	0.283	3.014		
				4.423				3.014	0.007	0.014

表 4-20 **B2-C 中 λMaz、CI、RI 求值示意**

B2-C	C21	C22	C23	按行相乘	开 n 次方	权重 W_i	Awi	Awi/W_i	CI	CR
C21	1	1/4	2	0.500	0.794	0.182	0.545	3.000		
C22	4	1	8	32.000	3.175	0.727	2.182	3.000		
C23	1/2	1/8	1	0.063	0.397	0.091	0.273	3.000		
				4.365				3.000	0	0

表 4-21 **B3-C 中 λMaz、CI、RI 求值示意**

B3-C	C31	C32	C33	按行相乘	开 n 次方	权重 W_i	Awi	Awi/W_i	CI	CR
C31	1	1/3	2	0.667	0.874	0.230	0.690	3.003		
C32	3	1	5	15.000	2.466	0.648	1.948	3.007		
C33	1/2	1/5	1	0.100	0.464	0.122	0.367	3.001		
				3.804				3.004	0.002	0.004

表 4-22 B4-C 中 λMaz、CI、RI 求值示意

B4-C	C41	C42	C43	按行相乘	开 n 次方	权重 W_i	Awi	Awi/W_i	CI	CR
C41	1	5	2	10.000	2.154	0.595	1.791	3.010		
C42	1/5	1	1/2	0.100	0.464	0.128	0.386	3.002		
C43	1/2	2	1	1.000	1.000	0.276	0.831	3.004		
					3.619			3.006	0.003	0.005

观察表 4-19 至表 4-22 可以发现，CR 值分别为 0.014、0、0.004 和 0.005，均低于 0.1，所以通过层次分析法所得到的权重是有效值，可以作为风险评判数据使用。

第五步：确定风险因素总排序。

C 层次中风险因素的综合权重向量的计算方法是：综合权重向量为两级权重的乘积（见表 4-23），例如：$W_i = 0.117 \times 0.74$。

表 4-23 C 层次综合权重向量计算

层次 C ＼ 层次 B	B1 0.117	B2 0.518	B3 0.061	B4 0.303	权重向量 W_i	排序
C11	0.74				0.087	4
C12	0.167				0.020	9
C13	0.094				0.011	11
C21		0.182			0.094	3
C22		0.727			0.377	1
C23		0.091			0.047	6
C31			0.230		0.014	10
C32			0.648		0.040	7
C33			0.122		0.007	12
C41				0.595	0.180	2
C42				0.128	0.039	8
C43				0.276	0.084	5

C 层次排序的一致性检验为：$CI = \sum_{j=1}^{n} B_j CI_j = 0.0019$，$CR = \sum_{j=1}^{n} CR_j = 0.023$，$CI/CR = 0.080 < 0.1$。所以，通过层次分析法所得到的权重是有效值。总之，在 XX

工程项目运行期间，重点对这四点风险因素进行监控管理，有针对性地建立风险应对策略，就能很好地保障项目的有效运行。

4.3.2　模糊综合评价法

4.3.2.1　模糊综合评价法内涵

模糊综合评价法（Fuzzy Comprehensive Evaluation Method，FCE）是应用模糊系统的原理，从多个因素对被评判事物的隶属度等级状况进行综合评判的方法。它是一种基于模糊数学的综合评价方法。利用模糊数学的隶属度理论，将定量评价转化为定性评价。它评价隶属度的变化，从多个指标来判断事物。一方面，考虑了评价对象的层次，使评价标准和模糊因素的影响得以体现；另一方面，它可以充分利用人们的经验，使评价结果更加客观、真实。采用模糊综合评价法的基本思路是：首先，用模糊集表示与评价对象相关的各种因素；其次，计算评价矩阵和评价因子的权重；最后，利用模糊线性变换得到模糊集的评价结果。该方法可用于解决多因素的复杂性和不确定性问题。通过这种评价方法，可以使评价结果进行更好的相互比较。FCE 方法被广泛应用于医疗、建筑、环境质量监督、交通管理、图像处理、市场预测等诸多领域。

4.3.2.2　模糊综合评价法步骤

应用过程如下：

（1）确定评价因素集，可以根据项目风险评价过程的目标来定义评价因素。一组 n 个求值因子可以表示为向量 $U = \{U_1, U_2, \cdots, U_n\}$。

（2）确定评估等级集合，评价集可以表示为向量 $V = \{V_1, V_2, \cdots, V_m\}$，其中 m 为评价的层数。

（3）设置模糊映射矩阵。评价过程的目标是提供一个从 U 到 V 的映射。

（4）确定各评价因子的权重。为了得到一个全面的可用性评价，需要量化每个评价因子对项目风险评分的相对重要性。

（5）获得整体评估结果。综合考虑各评价因子的相对权重，得到总体评价结果。

4.3.2.3　模糊综合评价法的优劣

模糊综合评价法的优点：

（1）它能较好地解决模糊且难以量化的问题。因此它适用于解决各种非确定性问题。

（2）与传统方法相比，该方法能够反映评价单元的差异。同时，通过熵值法和层次分析法得到权重向量，使评价结果更具有说服力。

模糊综合评价法的缺点：

（1）在确定因素权重时的主观性较强，且计算也较复杂。

（2）当因素集 U 中的因素个数较多时，可能会导致超模糊现象的出现，无法确定谁的隶属度较高，从而造成最终评判失败的结果。对于这一问题我们可以通过分成模糊综合评价法加以改正。

4.3.2.4　模糊综合评价法应用实例

（1）建立相应的递阶层次结构。

对 HH 公司的风险问题进行条理化和层次化的处理，并构建了一个层次结构，在这种结构下，复杂的风险问题被分解成不同层次。同一层的元素既由上一层的元素支配，同时也被当作准则对下一层的一些元素起支配作用。

（2）建立有关的模糊集。

1）定义主因素层指标集。

$A = (A_1, A_2, A_3, A_4, A_5)$，相应的权重为 $W_A = (W_1, W_2, W_3, W_4, W_5)$。子因素层指标集为 $A_i = (A_{i1}, A_{i2}, \cdots, A_{ik})$，相应的权重为 $W_{A_i} = (W_{i1}, W_{i2}, \cdots, W_{ik})$，i=1, 2, 3, 4, 5。

2）定义评语集。

评价尺度按照所列出的因素对 HH 公司风险的影响程度划分，影响程度分别为很大（0.9）、较大（0.7）、一般（0.5）、较小（0.3）、很小（0.1）。则评价集 V =（很大，较大，一般，较小，很小）。评价集的标准隶属度 V =（0.9，0.7，0.5，0.3，0.1）。

3）模糊关系矩阵的确定。

定义 A_k 到 A 的模糊关系矩阵为 R_k：

$$R_k = \begin{bmatrix} r_{11} & \cdots & r_{1n} \\ \vdots & \ddots & \vdots \\ r_{n1} & \cdots & r_{nn} \end{bmatrix}$$

模糊关系矩阵就是因素层指标集到评价集的模糊关系，利用模糊统计方法，让专家对各因素 r_{ij} 进行评价，r_{ij} 指从指标 A_{k_i} 来看因素属于第 j 级评语所规定的模糊集的隶属度。那么：

$$r_{ij} = \frac{\text{对指标集中某一因素，专家划分为某一评价的人数}}{\text{评审专家人数}}$$

在本风险评估中，通过向 10 位专家发放风险评估表，由他们对该项目所面临的各种风险及其驱动因子进行相应评价。根据专家所给出的评价值，得到主因素集 A_1、A_2、A_3、A_4、A_5 的模糊关系矩阵：

$$R_1 = \begin{bmatrix} 0 & 0 & 0.5 & 0.3 & 0.2 \\ 0.8 & 0.2 & 0 & 0 & 0 \\ 0 & 0 & 0.3 & 0.5 & 0.2 \end{bmatrix}$$

$$R_2 = \begin{bmatrix} 0 & 0 & 0 & 0.4 & 0.6 \\ 0 & 0 & 0.5 & 0.5 & 0 \\ 0.3 & 0.4 & 0.2 & 0 & 0 \\ 0.6 & 0.4 & 0 & 0 & 0 \\ 0.8 & 0.2 & 0 & 0 & 0 \end{bmatrix}$$

$$R_3 = \begin{bmatrix} 0 & 0.6 & 0.4 & 0 & 0 \\ 0.3 & 0.4 & 0.3 & 0 & 0 \end{bmatrix}$$

$$R_4 = \begin{bmatrix} 0 & 0 & 0.2 & 0.5 & 0.3 \\ 0.2 & 0.2 & 0.4 & 0.1 & 0 \end{bmatrix}$$

$$R_5 = \begin{bmatrix} 0 & 0.3 & 0.3 & 0.4 & 0 \\ 0 & 0 & 0 & 0.8 & 0.2 \\ 1 & 0 & 0 & 0 & 0 \end{bmatrix}$$

从 R_1 中可以看出，有 50% 的专家认为某因素对 HH 公司的影响程度为一般，30% 的专家认为较小，10% 的专家认为很小，没有专家认为负债率对 HH 公司会造成很大或者较大影响。对于 R_2、R_3、R_4、R_5 的模糊关系矩阵可以得出类似的结论。

4）HH 公司内部风险的模糊综合评估。

根据模糊综合评价模型：

$$C = W_A \times \begin{bmatrix} C_1 \\ C_2 \\ C_3 \\ C_4 \\ C_5 \end{bmatrix} = W_A \times \begin{bmatrix} W_{A1} \times (R_1 \times V^T) \\ W_{A2} \times (R_2 \times V^T) \\ W_{A3} \times (R_3 \times V^T) \\ W_{A4} \times (R_4 \times V^T) \\ W_{A5} \times (R_5 \times V^T) \end{bmatrix}$$

其中，W_A、W_{A1}、W_{A2}、W_{A3}、W_{A4}、W_{A5} 为内部风险一级指标和二级指标的权重。

$$C_1 = W_{A1} \times (R_1 \times V^T) = (0.21,\ 0.574,\ 0.216) \times$$

$$\left(\begin{bmatrix} 0 & 0 & 0.5 & 0.3 & 0.2 \\ 0.8 & 0.2 & 0 & 0 & 0 \\ 0 & 0 & 0.3 & 0.5 & 0.2 \end{bmatrix} \times \begin{bmatrix} 0.9 \\ 0.7 \\ 0.5 \\ 0.3 \\ 0.1 \end{bmatrix} \right)$$

$$= (0.4592,\ 0.1148,\ 0.1698,\ 0.171,\ 0.0852)$$

$$C_2 = W_{A2} \times R_2 = (0.104,\ 0.15,\ 0.18,\ 0.24,\ 0.326) \times$$

$$\begin{bmatrix} 0 & 0 & 0 & 0.4 & 0.6 \\ 0 & 0 & 0.5 & 0.5 & 0 \\ 0.3 & 0.4 & 0.2 & 0 & 0 \\ 0.6 & 0.4 & 0 & 0 & 0 \\ 0.8 & 0.2 & 0 & 0 & 0 \end{bmatrix}$$

$$= (0.4588,\ 0.2332,\ 0.111,\ 0.1166,\ 0.0624)$$

$$C_3 = W_{A3} \times R_3 = (0.61,\ 0.39) \times \begin{bmatrix} 0 & 0.6 & 0.4 & 0 & 0 \\ 0.3 & 0.4 & 0.3 & 0 & 0 \end{bmatrix}$$

$$= (0.117,\ 0.522,\ 0.361,\ 0,\ 0)$$

$$C_4 = W_{A4} \times R_4 = (0.554,\ 0.446) \times \begin{bmatrix} 0 & 0 & 0.2 & 0.5 & 0.3 \\ 0.2 & 0.2 & 0.4 & 0.1 & 0 \end{bmatrix}$$

$$= (0.0892,\ 0.0892,\ 0.2892,\ 0.3216,\ 0.1662)$$

$$C_5 = W_{A5} \times R_5 = (0.236,\ 0.312,\ 0.452) \times \begin{bmatrix} 0 & 0.3 & 0.3 & 0.4 & 0 \\ 0 & 0 & 0 & 0.8 & 0.2 \\ 1 & 0 & 0 & 0 & 0 \end{bmatrix}$$

$$= (0.452,\ 0.0708,\ 0.0708,\ 0.344,\ 0.0624)$$

所以，模糊矩阵 $R = \begin{bmatrix} C_1 \\ C_2 \\ C_3 \\ C_4 \\ C_5 \end{bmatrix} = \begin{bmatrix} 0.4592 & 0.1148 & 0.1698 & 0.171 & 0.0852 \\ 0.4588 & 0.2332 & 0.111 & 0.1166 & 0.0624 \\ 0.117 & 0.522 & 0.361 & 0 & 0 \\ 0.0892 & 0.0892 & 0.2892 & 0.3216 & 0.1662 \\ 0.452 & 0.0708 & 0.0708 & 0.344 & 0.0624 \end{bmatrix}$

评价矩阵 $C = W_A \times R$

$= (0.061, 0.323, 0.232, 0.323, 0.061) \times$

$$\begin{bmatrix} 0.4592 & 0.1148 & 0.1698 & 0.171 & 0.0852 \\ 0.4588 & 0.2332 & 0.111 & 0.1166 & 0.0624 \\ 0.117 & 0.522 & 0.361 & 0 & 0 \\ 0.0892 & 0.0892 & 0.2892 & 0.3216 & 0.1662 \\ 0.452 & 0.0708 & 0.0708 & 0.344 & 0.0624 \end{bmatrix}$$

$= \left(\dfrac{0.63836}{\text{财务风险}}, \dfrac{0.67288}{\text{经营风险}}, \dfrac{0.6512}{\text{产品风险}}, \dfrac{0.40042}{\text{人事风险}}, \dfrac{0.6012}{\text{体制风险}} \right)$

从上面的计算结果可以看出，HH 公司的经营风险是最大的，其次是产品风险、财务风险、体制风险，风险最小的是人事风险。

4.3.3　决策树法

4.3.3.1　决策树法内涵

决策树（Decision Tree）利用了概率论原理，运用树形图作为分析工具。基本原理是使用决策节点代表决策问题，使用决策分枝代表可以选择的方案，使用概率分枝表示方案可能出现的结果，经过计算比较各种结果条件下的损益值，为决策者提供决策依据。

决策树算法采用树形结构，使用层层推理来实现最终的分类。决策树由下面几种元素构成，如图 4-5 所示。

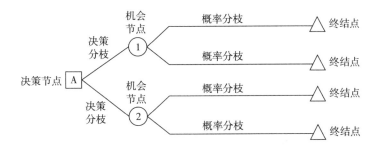

图 4-5　决策树元素及结构示意

（1）决策节点/根节点：包含样本全集，通常用矩形框表示。是关于选择各种可能的方案和最佳选择的系统。在应用多步骤决策的情况下，决策树中间可能有多个决策点，决策树根部的决策点是决策方案。

（2）机会节点/内部节点：对应特征属性测试，通常用圆圈表示，代表备选方案的经济效果（即期望值），通过对比决策树各状态节点的经济效果，按照一定的决策标准选出最佳方案。概率分枝是从状态节点派生的分枝。概率分枝上的数字表示可能的自然状态数，应在每个分枝上显示该状态发生的概率值。

（3）终结点/叶节点：代表决策结果，一般用三角形表示。结果节点的右端应标明方案在各种自然状态下取得的损益值。

4.3.3.2 决策树法步骤

决策树法的决策程序如下：

（1）绘制树状图，并根据已知条件排列出每个方案及其各种自然状态。

（2）将方案各状态的概率及损益值标注于概率分枝上。

（3）计算各个方案的期望值并将其标注于该方案对应状态节点上。

（4）剪枝，比较各方案的期望值，并标注于方案枝上，剪掉期望值小的方案（即劣等方案）枝，所剩最后方案即为最佳方案。

4.3.3.3 决策树法的优劣

决策树法的优势：

（1）决策树所表达的意义容易被理解，不需要使用者了解很多的背景知识。

（2）数据创建通常很简单，并且可以同时处理数据和常规属性。它可以在相对较短的时间内对大型数据源实现可行且有效的结果。

（3）通过静态测试可以方便地对模型进行评估，并可以测量模型的可靠性；对于观测模型，根据生成的决策树可以很容易地导出相应的逻辑表达式。

决策树法的劣势：

（1）难预测连续性的字段。

（2）有时间顺序的数据要求很多预处理的工作。

（3）分枝较多时，错误增加的速度比较快。

（4）在算法分类的时候，只根据一个字段来分类。

4.3.3.4 决策树法应用实例

通过下面案例，可以很清晰地通过数字分析对风险进行量化评估。

某企业为提高效率，针对未来五年不同的市场需求进行预测，拟定了三种方案，其中方案 1 需投资 200 万元，方案 2 需投资 150 万元，方案 3 需投资 100 万元，年收益值如表 4-24 所示。请用决策树法分析哪个方案最好。

表 4-24　各方案年损益值　　　　　　　　单位：万元

方案	市场需求及方案损益值		
	高（需求概率 0.4）	中（需求概率 0.3）	低（需求概率 0.3）
方案 1	200	160	-40
方案 2	150	90	10
方案 3	100	40	20

计算各方案的期望值：

方案 1：（200×0.4+160×0.3-40×0.3）×5-200=380（万元）

方案 2：（150×0.4+90×0.3+10×0.3）×5-150=300（万元）

方案 3：（100×0.4+40×0.3+20×0.3）×5-100=190（万元）

比较方案 1、方案 2 和方案 3 的期望值，最终选择期望值较大的方案 1，对方案 2 和方案 3 进行剪枝。完成后的决策树如图 4-6 所示。

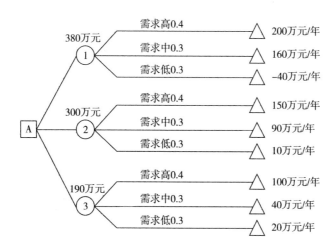

图 4-6　某企业市场需求最终决策树

由此例我们可以看出，在决策树中通过数字可以说明问题。因此，把问题量化是风险管理中关键的一环。

4.3.4 网络分析技术

4.3.4.1 网络分析技术内涵

网络分析技术（Analytic Network Process，ANP）是美国20世纪50年代末发展起来的一种以数理统计为基础的管理方法。网络分析技术一出现，立即引起了各国管理者的重视，并迅速得到广泛的传播和应用。它是一种以项目网络计划技术为基础的方法。网络规划是一种基于网络图的计划模型。它最基本的优点是可以直接反映工作项目之间的关系，使一个计划构成一个系统的整体，从而为计划的定量分析奠定一定的基础。

网络分析技术的基本原理如下：

（1）按照逻辑关系和先后顺序对所要做的工作进行排序，然后把它们通过网络图的形式表示出来。

（2）选择关键路径，并根据资源、时间等方面的要求，对网络进行优化。

（3）因为计划实施构成是一个动态的过程，所以根据新情况、新问题对计划不断地调整和优化是很有必要的。

网络分析技术的分类如下：

（1）计划评审技术（PERT）是指使用网络图来表达项目中各项活动的进度及其相互关系，在此基础上，进行网络分析和时间估计。当每一项活动的持续时间不确定时，通过三点估算法，PERT可以确定活动的概率分布以及持续时间。

（2）图形评审技术（GERT）是指一种网络计划技术，在该技术中，计划中的工作与工作之间的逻辑关系在本质上是不确定的，工作的持续时间也是不确定的，根据随机变量进行分析。GERT可以通过解析法，直接使用网络中的参数进行计算，把概率和随机问题转化为确定性问题来求解；也可以运用计算机程序进行模拟实验，将统计多次实验的结果作为网络的解。

4.3.4.2 网络分析技术具体流程

ANP通过用网络结构替换层次结构来计算决策元素之间的复杂关系。ANP具有AHP的所有积极特征，包括简单性、灵活性、同时使用定量和定性标准，以及审查判断一致性的能力。ANP将每个问题视为一个由标准、子标准和备选方案组成的网络。网络中的所有元素都可以以任何方式相互通信。换句话说，在网络中，集群之间的反馈和互连是可能的。ANP可以概括为以下三个步骤：

（1）编制网络计划。

1）定义工作。

对项目情况进行调查研究，制定合理的方案，定义各项工作，绘制复杂程度合理、可实施性强的网络图。

2）编制工作表。

第一步是要根据项目的实际情况，制定工作清单。工作清单应该包括项目范围内的所有工作以及对每项工作的文字说明，从而确保相关人员能准确理解项目工作。

第二步是要明确项目的特性，以便能更好地确定工作排序。

第三步是要估算每项工作完成的时间。在后面会详细介绍估算方法。

第四步是要充分考虑项目中各项工作的逻辑关系，充分考虑到项目实施过程中的各种限制，这也是制订一个良好的项目计划至关重要的一步。

3）根据工作清单和工作关系绘制网络图。

（2）计算工作时差确定关键路径。

1）工作的最早开始时间。

t_E（j）表示项目工作的最早开始时间。

$$\begin{cases} t_E\ (1)\ =0 \\ t_E\ (j)\ =\max_i\ [\ t_E\ (i)\ +t\ (i,\ j)\ ] \end{cases}$$

2）工作的最迟开始时间。

t_L（i）表示项目工作的最迟开始时间。工程的总工期一般被定义为项目工程最早完工时间。t_L（i）表明在不影响任务总工期条件下，以它为始点的工作的最迟必须开始时间，或以它为终点的各工作的最迟完成时间。

$$\begin{cases} t_L(n)=\text{总工期}（\text{或}）t_E(n) \\ t_L(i)=\min_j[\ t_L(j)\ ]-t(i,\ j) \end{cases}$$

3）时差。

总时差：$R(i,\ j)=t_{LS}(i,\ j)-t_{ES}(i,\ j)=t_{LF}(i,\ j)-t_{EF}(i,\ j)=t_L(j)-t_E(i)-t(i,\ j)$。

在不影响任务总工期的条件下，某工作（i，j）可以延迟其开工时间的最大幅度叫该工作的总时差。工作（i，j）总时差等于它的最迟完成时间与最早完成时间之差。

自由时差：$r(i,\ j)=t_{ES}(j,\ k)-t_{EF}(i,\ j)$。

即自由时差等于其紧后工作的最早开始时间与本工作的最早完成时间之差。

关键路径工作的延迟，必然会导致整个项目的延迟。在时间延迟的一定范围内，非关键路径上的工作是可以延误的。在这种情况下，时间延迟的时间量被称为时差或浮动时间。也就是说，在不影响其他工作进度的情况下，一个任务可以延迟多长时间。

时差＝LST－EST＝LFT－EFT。

LST 表示最晚开始时间；EST 表示最早开始时间；LFT 表示最晚完成时间；EFT 表示最早完成时间。

4）关键路径的确定。

关键路径的确定有两种方法：其一，如果一条路径中的每项工作之和等于工程工期，那么这条路径就是关键路径。其二，若一条路径中的每项工作的时差都是零，则这条路径就是关键路径。总之，关键路径上任何任务的 LFT 和 EFT 是必然相同的。

（3）项目工作历时估算。

项目工作的持续时间估计是根据现有条件对完成一项工作所需时间的估计。计划过程的核心是项目工作的持续时间。

1）项目工作历时估算依据。

项目工作的持续时间通常取决于完成该项目工作所需的资源量和可用于完成该项目工作的资源量。除此之外的其他因素，如非项目活动的时间损失和人们完成工作时的冲突等都应该被考虑在内。

2）单一时间估计法。

这种估算方法中工作时间的最终估计只依赖于一个值。如果使用单一时间估计法，这个值的估计要尽可能准确。通常可参考以下四个方面：

其一，相同或相似项目的有关经验数据。

其二，有关定额资料，如每日完成量＝定额工作量×每天投入工时；工序时间＝工序的实物工程量÷每日完成量。

其三，有关承包和分包合同规定的时间。

其四，对于一些新技术或新工艺的流程，在既无经验可循又无定额可查的情况下，由监理、设计和实施人员研究和咨询确定。

3）三种时间估计法。

计划评审技术使用了这种估计方法。也就是说，对于一个工作，首先要估计出三个历时值，其次给每个值一个权重，最后计算出工作的预期完成时间。三个历时值分别为最乐观的估计时间 x，即在最平稳的情况下完成工作所需的时间；最悲观的估计时间 y，即在最不利情况下完成工作所需的时间；最可能的估计时间 m，指正常情况下完成工作所需要的时间。

用这三种时间就可以粗略地描述工作历时的分布，那么项目工作工序的期望完成时间可以由以下经验公式求得：

$$T_E = \frac{x+4m+y}{6} \tag{4-8}$$

项目工作工序完成时间的方差：

$$\sigma^2 = \left(\frac{y-x}{\sigma}\right)^2 \tag{4-9}$$

实际工作情况表明，最平稳、最不利的情况在工作过程中发生的次数较少，在正常情况下完成的工作量多，所需要的时间也多，总体工作时间分布近似服从正态分布。假定在正常情况下完成工作的可能性分别两倍于最平稳情况和最不利情况的可能性，那么总体工作时间应采用加权平均法计算：

在（x，m）间的平均值为 $\frac{x+2m}{3}$，

在（m，y）间的平均值为 $\frac{y+2m}{3}$，

工时的分布可以用 $\frac{x+2m}{3}$ 和 $\frac{y+2m}{3}$ 各以 $\frac{1}{2}$ 的可能性出现的分布来代表，

平均（期望）工时 $t(i, j) = \frac{1}{2}\left(\frac{x+2m}{3}+\frac{y+2m}{3}\right) = \frac{x+4m+y}{6}$，

而方差 $\sigma^2 = \frac{1}{2}\left[\left(\frac{x+4m+y}{6}-\frac{x+2m}{3}\right)^2+\left(\frac{x+4m+y}{6}-\frac{y+2m}{3}\right)^2\right] = \left(\frac{y-x}{6}\right)^2$。

首先根据项目工作的平均历时编制出项目进度计划。其次根据概率统计理论进一步计算项目进度计划实现的可能性。

4.3.4.3 网络分析技术应用实例[①]

（1）测算数据。

某房地产开发项目施工阶段网络计划双代号网络图如图 4-7 所示，各项项目活动的初步方案工期下的直接成本、赶工工期下的直接成本、初步方案工期、赶

[①] 案例来源：黄琼，曹珊珊，夏绍模. 网络计划技术在房地产开发项目成本控制中的应用［J］. 城市建筑，2015（26）：157-158.

工工期，以及赶工直接费率如表 4-25 所示，其间接费用率为 2 万元/周。

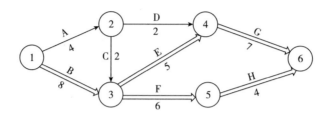

图 4-7　初步方案网络计划

表 4-25　某项目施工某阶段工期与费用相关信息

工作	紧前工作	初步方案工期下的直接成本（万元）	赶工工期下的直接成本（万元）	初步方案工期（周）	赶工工期（周）	赶工直接费率（万元/周）
A	—	14.0	14.8	4	2	0.4
B	—	18.0	21.2	8	6	2.1
C	A	11.4	12.0	2	1	0.6
D	A	11.0	12.0	2	1	1.0
E	B、C	16.0	16.8	5	3	0.4
F	B、C	16.0	19.2	6	4	1.7
G	D、E	10.3	11.6	7	4	0.9
H	F	13.0	13.8	4	2	0.4

由图 4-7、表 4-25 可计算出初步方案下的工期、费用：

总直接费：14.0+18.0+11.4+11.0+16.0+16.0+10.3+13.0＝109.7（万元）

工期：8+5+7＝20（周）

总间接费：2×20＝40（万元）

总费用：109.7+40＝149.7（万元）

（2）费用优化。

1）第一步优化。

该阶段初始网络计划图关键线路上赶工直接费率最低的是工作 E，故压缩对象为工作 E。间接费用率（2 万元/周）比工作 E 的赶工直接费用率（0.4 万元/周）大，表明存在优化费用空间。将工作 E 压缩至最短工期 3 周，利用标号法找出关键线路，这时关键工作 E 为非关键工作，故将其工期延长为 4 周，使其成为关键工作，如图 4-8 所示。

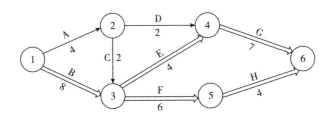

图 4-8　第一步压缩后的网络计划

此时，图 4-8 中有两条关键线路，工期为 19 周，比期初工期缩短了一周，总费用为 149.7-（2-0.4）= 148.1（万元），比期初总费降低了 1.6 万元。

2）第二步优化。

我们可以利用以下四种方案来同时缩短两条关键线路的总时间：

若同时压缩工作 E、工作 F，则增加费用为 2.1 万元/周；若同时压缩工作 E、工作 H，则增加费用为 0.8 万元/周；若同时压缩工作 G、工作 F，则增加费用为 2.6 万元/周；若同时压缩工作 G、工作 H，则增加费用为 1.3 万元/周。

从上述四种方案可知，工作 E 和工作 H 这个组合的赶工直接费率是最小的，所以压缩对象为工作 E 和工作 H。间接费用率（2 万元/周）比工作 E 和工作 H 这个组合的赶工直接费率（0.8 万元/周）大，表明存在优化费用空间。这时工作 E 的工期只能缩短 1 周，那么工作 H 的工期也只能缩短 1 周。当这两项工作都缩短 1 周后，通过标号法找出的关键线路与之前的线路一样，但是工期相比于第一步优化的工期少了 1 周。

因此，工期为 18 周，总费用为 148.1-（2-0.8）= 146.9（万元），相比于第一步优化的总费用减少了 1.2 万元。

3）第三步优化。

由图 4-9 可知，工作 E 工期不能再缩短，存在以下三个压缩方案，使两条关键线路总时间同时缩短：若压缩工作 B，则增加直接费用为 2.1 万元/周；若同时压缩工作 G 和工作 F，则增加费用为 2.6 万元/周；若同时压缩工作 G 和工作 H，则增加费用为 1.3 万元/周。

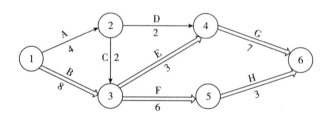

图4-9 第二步压缩后的网络计划

从上述三种方案可知，工作G和工作H的组合赶工直接费率是最小的，所以压缩对象为工作G和工作H。间接费用率（2万元/周）比工作G和工作H的组合赶工直接费率（1.2万元/周）大，表明存在优化费用的空间。这时工作H的工期只能缩短1周，那么工作G的工期也只能缩短1周。当这两项工作都缩短1周后，通过标号法找出的关键线路与之前的线路一样，但是工期相比于第一步优化的工期少了1周。此时，工期为17周，总费用为146.9-（2-1.3）=146.2（万元），比第二步优化总费用降低了0.7万元。

4）第四步优化。

由图4-10可知，工作E和工作H都不能再缩短了，这时存在两个压缩方案，使两条关键线路的总时间同时缩短：压缩工作B，增加直接费用为2.1万元/周；同时压缩工作G和工作F，增加直接费用为2.6万元/周。

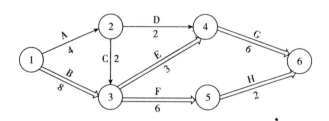

图4-10 第三步压缩后的网络计划

由于工作B的赶工直接费率是最小的，故压缩对象确定为工作B。但是，工作B的赶工直接费率（2.1万元/周）比间接费用率（2万元/周）大，表面不存在优化费用的空间。所以，此时不能通过压缩工作B来降低工程总费用。

因此，我们可以得到一个优化方案，为第三步的优化结果。此时，总工期为17周，总费用为146.2万元。

4.4　本章小结

为更好地掌握项目风险评估技术，这里对风险评估进行一个初步的总结。为了达到识别风险、量化风险、制定有效规避措施的目的，在风险评估中必须选择有效的方法。深入了解采用特定技术所需的资源是一个频繁出现的主题。技术方法的选择，第一个标准是以满足时间、金钱和人力的最小花费和达到最大效用为目标；第二个标准是以整体风险分析为目标的应用或决策过程；第三个标准是风险分析技术的实际输出，其精确程度与详细层次完全符合风险决策所需的信息。根据上述标准，列出了常用风险评估分析与工具，以供参考。表 4-26 中"●"表示主要应用，"○"表示辅助应用。

表 4-26　风险分析技术应用参考表

方法	风险识别	风险估计	风险评价
德尔菲法	●	○	○
头脑风暴法	●	○	○
风险核对表	●	○	○
情景分析法	●	○	○
SWOT 分析法	●	○	○
故障树分析法	●	○	○
情景分析法	●	○	○
盈亏平衡分析	○	●	○
敏感性分析法	○	●	○
层次分析法	○	○	●
模糊综合评价法	○	○	●
网络计划法	○	○	●

思考题

1. 与专家会议法相比，德尔菲法最显著的特征是什么？可以规避专家会议法哪些局限？

2. 情景分析法适用于什么周期的项目风险识别？使用情景分析法进行风险分析时具有什么局限性？

3. 请对项目风险识别、项目风险估计、项目风险评价的方法特点进行对比分析。

4. 结合自己做过的项目，对该项目应用决策树法进行风险评价。

5. 请对计划评审技术（PERT）和图解评审技术（GERT）进行对比分析。

第 5 章　项目投资风险分析

本章导航

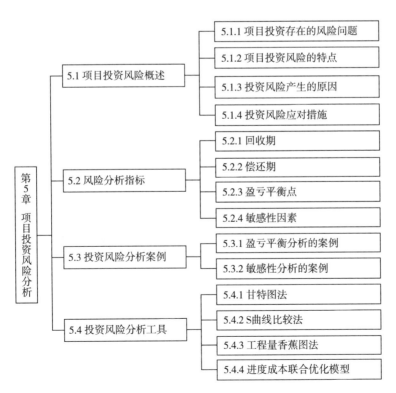

5.1 项目投资风险概述

前文已经提到项目风险管理的概念以及项目分析的过程，为何本章节要单独将项目投资分析进行分析呢？因为对于一个企业而言，它的日常活动可以分为投资活动、融资活动和经营活动，投资活动对于企业的经营和发展具有非常重要的作用。因此，评价一个项目的投资风险对于企业具有重要的意义。

5.1.1 项目投资存在的风险问题

5.1.1.1 投资决策风险

企业在投资的过程中做出的投资决策的准确性，直接决定了投资是否能够实现经济收益的增加，在对于投资项目进行选择时，重要的依据就是项目提供的可行性报告，但在实际工作中，项目可行性报告的可靠性还需要进一步的验证，这就使企业的投资风险在不断地增加。

5.1.1.2 投资成本控制风险

在对于投资项目进行分析的过程中，评价投资项目是否能够实现盈利的一个重要标准就是投资成本的控制，直接关系到一个企业是否能够顺利地开展经营和管理活动。

5.1.1.3 投资体制风险

在投资的体制上，目前还存在较多的不完善之处，投资主体没有实现多元化，企业的资源没有得到有效的管理和配置，同时在对投资项目进行选择时，仅重视的是短期内经济收益的增加，没有充分考虑其他因素，比如说技术发展的水平、管理能力、资金、人力资源等，使企业在项目投资上的风险不断地增加。

5.1.1.4 投资市场环境风险

在投资的过程中，所面临的投资市场不断地发生变化，在变化的过程中，严重影响了企业在项目投资上收益的增加，使企业发生亏损的可能性在不断地增加，对于企业来说，其面临的主要市场环境是指技术环境、政治环境等。

5.1.2 项目投资风险的特点

5.1.2.1 投资风险的普遍性

在项目投资的过程中，各个环节的工作都存在着可能发生的风险，比如说决策的制定、投资方案的确定、资产的管理和配置等工作都具有风险，所以说其具有广泛性。

5.1.2.2 投资风险存在的客观性

影响投资风险发生的因素比较多，在各个因素的全面影响下导致投资风险的发生，所以投资风险的发生具有较强的客观性，是不能被人为因素左右的，投资者在投资以后，无法对投资项目的所有环节的工作进行有效的控制，也不能准确地预测未来经济收益的变化，投资风险的发生具有客观性。

5.1.2.3 投资风险的影响性

投资者进行投资时，在产生收益可能性的同时，也会面临一定的风险，两者是同时存在的。很多企业管理者比较保守，他们不愿意承担投资所带来的风险，对于投资项目始终持消极的态度，在这样的态度影响下，使企业错失了较多的投资机会。但是还有企业管理者对投资的态度比较理性，能够站在客观的角度来分析投资风险的发生，采取有效的措施来预防和控制风险，实现了企业经济收益的快速增长。

5.1.2.4 投资风险的相对性

投资和风险是同时存在的，风险的发生是相对的，比如在投资的过程中比较常见的经济现象包括：决策风险小，但收益低；决策风险大，但收益很高；决策风险适度，收益可观。这就是投资的相对性。

5.1.2.5 投资风险的可变性

投资风险的可变性也是很强的。主要的原因在于形成风险的各个影响因素在不断地发生变化，对于投资风险的影响程度也具有较大的差异，使企业在投资的过程中发生盈利或者是亏损都具有极大的可变性。

5.1.2.6 投资风险具有不可预见性

一般而言，投资风险的产生是不确定的。因为投资活动牵涉众多相关因素，如政治环境、国家政策的变动、市场的导向、技术发展的情况、资金的使用情况等，对于投资风险的发生具有重要的影响。以上的影响因素在实际的发展中具有不可控制的特点。所以，项目投资风险是不可预见的。

5.1.2.7 投资风险的动态性

在投资的过程中，投资项目的各项工作在不断地变化，影响投资风险的各项因素也发生了重要的变化，这直接导致了投资风险处于不断的变化中。故项目投资风险具有动态性。

5.1.2.8 项目投资风险的阶段性

在开展项目投资的过程中，投资的风险是一个分阶段不断发展的过程，主要有投资风险潜在时期、爆发时期和后果形成时期，在每一个时期中，都需要对风险的发生进行合理的控制。

5.1.3 投资风险产生的原因

5.1.3.1 技术上的缺陷

在开展项目投资前，需要对项目可能存在的风险进行全面的评估，在评估的过程中需要具有专业的项目评估技术，项目评估技术的缺失会使投资风险的发生不断加剧。在项目评估的过程中，没有长远的眼光，仅考虑的是短期内经济收益的增加，没有综合地考虑利用资源的优势，会使经济社会的发展受到严重的限制。比如说在中国，中西部在经济的发展上具有一定的差异，西部为了实现经济发展，盲目地追求经济收益的增长，而不顾其社会效益和生态效益。在引进投资项目时，不重视环境的保护，在引进的 43 个项目中有 39 个项目在环境保护方面没有达到规定的标准，造成了西部地区严重的环境污染问题，从长远来看，对于西部地区经济的发展产生了严重的限制。

5.1.3.2 忽略了对于经营者综合素质的评估

对于投资项目来说，经营者的综合素质能力对项目投资的成功起着决定性的作用，因此对经营者综合能力的评估就显得十分重要。但是我国在对投资项目进行评估时，其评估的重点集中在项目的本身，主要分析的是项目的投资是否能够给企业的发展带来经济收益的增加，没有对经营者的素质进行综合的考虑。在投资时，仅将经济收益的增长作为判断项目可行性的标准是不够全面的，项目产生经济收益的可能性比较大，仅说明了项目是可以实行的，但是开展投资的活动是不一定可行的。主要的原因在于项目的决策是由经营者来决定的，当经营者没有长远的、战略发展的眼光，做出了错误的经营决策时，会使项目朝着错误的方向发展，给企业带来较为严重的经济损失。

5.1.3.3　缺少对于投资环境的分析和评估

在对项目进行整体评估时，需要对所处的投资环境进行评估，投资环境对项目的顺利实施会产生重要的影响。在我国一些地方，政府为了实现业绩的增加，没有充分地考虑投资环境对项目的影响，不断地引进项目，对项目的可行性没有进行准确的评估，虽然引进的投资项目比较多，但是成功的项目比较少。良好的投资项目对于投资活动的开展起到了良好的推动作用，在投资环境的分析中，主要包括投资的硬环境和投资的软环境，它们对项目的成功都产生了重大的影响，因此在开展项目投资时，一定要综合地考虑和评估投资环境对投资的影响。

5.1.3.4　行业的投资评估机构和中介组织

在我国，评估机构的数量比较多，但是没有作为独立的组织而存在，都是属于政府或者会计师事务所的分支机构，并且这些投资评估机构没有专业的技术水平，在评估方法的使用上也存在着不合理之处，他们没有站在长远的角度去进行评估，评估的结果往往是不准确的。

5.1.4　投资风险应对措施

在项目的投资中，需要对投资项目可能发生的风险进行有效的管理，主要采取的措施有：

5.1.4.1　基于市场需求决策和基于产品要求决策

根据市场需求进行投资决策。在对市场的需求进行全面分析的基础上，生产出符合市场需求的产品和服务，使产品和服务在市场上具有较强的竞争力，能够增强抵御和控制风险的能力。

5.1.4.2　使用科学的风险管理方式

在对项目进行投资时，对项目投资所做的决策是十分重要的，同样地，项目的执行对项目的成功与否起到了关键性的作用，要不断地提高项目执行的质量和效率，有效地利用风险管理的方法，使企业能够在激烈的市场竞争中获取竞争优势。

5.1.4.3　根据条件变化对评估系统进行改善

在项目投资的过程中，很多的项目条件会随着时间的推移发生一定的变化，主要的原因在于政治、经济、市场等方面的环境在不断地发生着改变。在这样的发展情况下，影响投资决策的因素和条件具有了本质性的变化。投资者要及时地掌握这些变化，根据条件变化的情况对风险的发生进行有效的识别，采取一定的措施预防和减少风险的发生。

5.1.4.4　树立风险意识，构建风险体系

一方面，企业的管理者和员工要能够认识到投资风险管理的重要性，建立良好的风险管理的观念。在工作过程中，能够对各个环节的工作进行全面的分析，排查可能发生的风险，及时采取措施预防风险的发生。另一方面，要建立较为完善的风险管理体系。风险的发生具有极大的不确定性，在各个环节中都有可能发生风险，需要对风险的发生进行全方位的监督和管理，只有这样才能够准确地识别风险的发生，对风险的发生进行及时的处理，使企业的风险管理能力、抵抗风险能力不断地增强。

5.1.4.5　建立风险管理的网络体系

在进行项目投资的过程中，为了使各项工作能够顺利地开展，有效地减少和控制风险的发生，需要在项目的运行中及时有效地获取比较完备的信息，根据所获得的信息综合地考虑其成本和收益，最大限度地利用信息。在项目执行的各个阶段对项目开展的实际情况进行全面的分析，主要采取的方式有数据分析法、实地调查法、实践论证等。按照相关的维度，比如时间、目标、因素对项目可能会发生的风险进行有效的识别，并且预测风险发生的可能性、风险发生所产生的严重后果等，及时进行风险控制管理。

5.1.4.6　建立完善的评估体系，加强和国际间的合作交流

在对投资项目进行评估时，需要考虑的因素比较多，所以需要建立完善的项目投资评估机制。根据目前项目评估工作的开展情况，总结先进的评估经验，建立网络数据安全库，积极开展投资项目咨询，建立客户网络。在对项目进行评估的过程中，只有评估的内容全面、具体，才能够保证评估结果的准确性，主要的评估内容包括：企业和经营者的综合能力和素质、投资的内外部发展环境、市场的因素、可能面临的风险、项目预计能够产生的经济收益等。要积极响应国家的号召，在投资时充分考虑对环境保护的要求，使投资者能够结合自身发展的实际情况，做出正确投资决策。在投资项目评估体系的建立上，要加强与世界各个国家的评估机构进行交流和合作，能够在不断的交流中吸取先进的经验、科学的项目评估方法，能够熟悉国外在项目评估中建立的标准、方法等。在目前市场经济高度开放的时代背景下，使用国外评估机构的标准和方法来评估引进的国外投资，在不断的实践中，结合我国发展的实际情况，将国外先进的经验有选择性地应用到国内投资项目的评估中。

5.2　风险分析指标

在分析投资项目的风险时，建立的分析指标如图 5-1 所示。

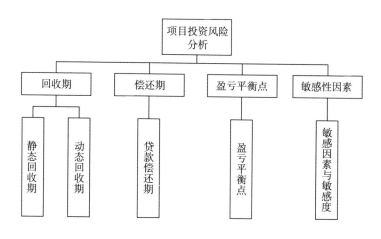

图 5-1　风险分析指标

5.2.1　回收期

不同的投资项目具有不同的投资数额，投资项目在运行过程中会产生一定的经济收益，当经济收益和投资金额相等时，所经历的时间就成为投资回收期。投资回收期的计算有多种方法。其投资的方法可以按照时间的起点来进行分类，也可以按照回收主体的差异进行分类，还可以按照收入的构成进行分类。

所谓的静态投资回收期主要考虑的是净收益的金额和投资金额达到相等状态时所需要的时间，这样的方式没有考虑资金时间的价值。在起始年限的确定上比较灵活，在计算时需要注明是从投资日开始计算还是投产日开始计算，两者计算出来的投资回报期一般是不同的。如果采用的是动态投资回收期的方式，需要将净现金流折算成为现值，然后才可以计算投资回报期。采取这样的方式与静态投资回报期的计算具有本质上的差异。

5.2.2 偿还期

在我国的财税法律中，对借款偿还期进行了明确的说明，即一般是指项目在投产之后需要偿还本金、利息的时间，偿还期在一定程度上能够反映项目的经营和发展情况，一般以年为单位表示。该指标可由借款偿还计划表推算。如果偿还期在一年以内的，不包括一年，需要使用插值法来进行计算。

5.2.3 盈亏平衡点

在对投资项目进行分析的过程中，其中一个重要的指标就是盈亏平衡点，主要分析的是收益和成本之间的关系，是在市场经济发展稳定下开展的一种分析方法。这种方法的应用范围比较广泛，能够对成本、收益、利润等进行较为准确的预测，分析成本的变化对利润的形成有重要影响，能为投资者的决策提供一定的依据。

5.2.4 敏感性因素

在投资项目的评估中，具有很多不确定的因素，成为了项目评估工作的难点，在不确定的因素中选择对项目投资经济收益的增加具有关键性影响的因素，对影响的程度、敏感的程度进行分析，进而判断项目承受风险的能力。计算出来的参数如果能够以较小的变化引起经济收益较大的变化，就说明其敏感程度比较高。

5.3　投资风险分析案例

5.3.1 盈亏平衡分析的案例[①]

假设一个生产企业要生产新的产品，在生产前制定了两种方案，两种方案生产出来的产品价格、成本等因素是已知的，根据已知的条件来分别计算它们的利

---

① 案例来源：卢有杰. 项目风险管理［M］. 北京：清华大学出版社，1998.

润、盈亏平衡点、生产负荷，根据这些信息选择最优的方案。

方案 1：$Q_t = 90000$ 件，$p = 45$ 元，$w = 18$ 元，$r = 9$ 元，$F = 810000$ 元。

方案 2：$Q_t = 85000$ 件，$p = 45$ 元，$w = 16$ 元，$r = 9$ 元，$F = 960000$ 元。

假如说在一定的时间内，产品的价值开始贬值，价格成为了 37 元，方案中的利润、盈亏平衡点、生产负荷是否会发生变化？

解：

（1）原始情况。

1）方案 1。

年最大利润：$P = (p - w - r) \times Q_t - F = (45 - 18 - 9) \times 90000 - 810000 = 810000$（元）

年产量盈亏界限：$Q_b = \dfrac{F}{p - r - w} = \dfrac{810000}{45 - 18 - 9} = 45000$（件）

从以上的计算结果可以看出，放在选择方案 1 的情况下，其盈亏的标准是 45000 件。

生产负荷率：$BEP（Q） = \dfrac{Q_b}{Q_t} = \dfrac{45000}{90000} = 0.5$，也就是说在生产能力达到一半的时候，项目开始盈利，说明项目的盈利能力比较强，能够有效地面对各种风险的发生，抗风险的能力比较强。

2）方案 2。

年最大利润：$P = (p - w - r) \times Q_t - F = (45 - 16 - 9) \times 85000 - 960000 = 740000$（元）

年产量盈亏界限：$Q_b = \dfrac{F}{p - r - w} = \dfrac{960000}{45 - 16 - 9} = 48000$（件）

从以上的计算结果可以看出，放在选择方案 2 的情况下，其盈亏的标准是 48000 件。

生产负荷率：$BEP（Q） = \dfrac{Q_b}{Q_t} = \dfrac{48000}{85000} = 0.565$，也就是说在生产能力达到 56.5% 的时候，项目开始盈利。

在以上的分析中可以看出，方案 1 在盈利能力和抵抗风险的能力上都比方案 2 强。

（2）变化后的情况。

如果产品的价格发生了变化，由原来的 45 元变成 37 元，计算的结果如下：

1）方案1。

年最大利润：$P = (p-w-r) \times Q_t - F = (37-18-9) \times 90000 - 810000 = 90000（元）$

年产量盈亏界限：$Q_b = \dfrac{F}{p-r-w} = \dfrac{810000}{37-18-9} = 81000$（件）

从以上的计算结果可以看出，在价格降至37元的情况下，方案1的盈亏标准是81000件。

生产负荷率：$BEP（Q）= \dfrac{Q_b}{Q_t} = \dfrac{81000}{90000} = 0.9$，也就是说在生产能力达到90%的时候，项目才开始盈利，其盈利的水平比较低，面临的风险比较大。

2）方案2。

年最大利润：$P = (p-w-r) \times Q_t - F = (37-16-9) \times 85000 - 960000 = 60000（元）$

年产量盈亏界限：$Q_b = \dfrac{F}{p-r-w} = \dfrac{960000}{37-16-9} = 80000$（件）

从以上的计算结果可以看出，在价格降至37元的情况下，方案1的盈亏标准是80000件。

生产负荷率：$BEP（Q）= \dfrac{Q_b}{Q_t} = \dfrac{80000}{85000} = 0.941$，也就是说在生产能力达到94.1%的时候，项目才开始盈利，其所面临的风险要高于方案1，所以在价格下降的情况下，选择方案1。

在以上的盈亏平衡点的分析中，充分应用了线性函数，所以对于盈亏的分析也称为线性盈亏分析。

5.3.2 敏感性分析的案例[①]

在对敏感性进行分析时，主要分析的是不确定性的因素，对不确定性因素的分析可以选择其中的一个因素进行分析，分析其对投资项目所产生的重要影响。这被称为单因素敏感性分析；同时也可以选择其中的几个因素进行分析，了解这些因素对投资项目的重要影响，这是多因素的敏感分析。对不确定性因素的敏感性分析是一个比较复杂的过程，下面通过案例来说明。

案例：徐州××地产企业是徐州市大型房地产开发企业，目前主营住宅和商

---

① 案例来源：温素彬，刘欢欢．敏感性分析：解读与应用案例［J］．会计之友，2020（15）：147-152.

业开发，政府对企业的关注程度比较高，企业严格按照政府设计要求来进行生产和管理，其发展的规模比较大，总资产达 20 亿元，在项目的投资上，投资的金额是 60 亿元，截止到现在其开发的进程已经超过了一半，企业正处于快速发展的时期，在本书中没有考虑税收对于企业发展的影响。

企业开发的房地产项目，总出售的面积为 10000 平方米，经过对房地产企业的调查，得到了项目在开发的过程中所发生的各项成本：土地转让金是 100 万元，发生的设计费用是 55 万元，销售中发生的费用是按照平方米进行收费的，收费的标准是 350 元/平方米，在经过计算之后，项目的固定成本和单位变动成本分别为 1875.4 万元和 350 元/平方米。

5.3.2.1　建立本量利价值分析模型

在对不确定性因素敏感性分析的基础上，结合本案例发展的实际情况，建立了本量利价值分析模型：

$$R = S - C = Q \times (P - VC) - FC \tag{5-1}$$

其中，S 表示销售收入；C 表示成本；VC 表示单位变动成本；FC 表示固定成本；Q 表示销售面积；P 表示平均单位销售价格；R 表示利润总额。

依据模型的建立，对影响因素和正常的边界进行了确定，最后确定的影响因素是平均单价、销售面积、单位变动成本和固定成本，其正常的边界分别是 1500~8000 元/平方米，0~10000 元/平方米，100~500 元/平方米，1050~3000 元/平方米。在此基础上，对房价进行了预测，其值为 3000 元/平方米，出售率预计在 85% 上下浮动。

5.3.2.2　单因素分析

在对单因素进行分析时，假如选择的不确定因素是平均单价，假设其他的不确定性因素不发生改变，平均单价减少 100 元，通过计算其利润下降了 85 万元。

$$\Delta R = Q_0 \times (P_1 - P_0) = 8500 \times (2900 - 3000) = -850000(\text{元}) = -85(\text{万元})$$

$$\text{平均单价的敏感系数} = \dfrac{\dfrac{-85}{377.1} \times 100\%}{\dfrac{100}{3000} \times 100\%} = -6.76，\text{计算结果显示，平均单价将会}$$

对利润产生巨大的影响，因此这一因素属于敏感因素。

在对单因素进行分析时，假如选择的不确定因素是销售面积，假设其他的不确定性因素不发生改变，销售面积上升 100 平方米，通过计算，其利润增加了 26.5 万元。

$$\Delta R = (Q_1 - Q_0) \times (P_0 - VC_0) = 100 \times (3000 - 350) = 265000 (元) = 26.5 (万元)$$

其敏感系数 $= \dfrac{\dfrac{26.5}{377.1} \times 100\%}{\dfrac{100}{8500} \times 100\%} = 5.97 > 1$，计算结果显示，销售面积将会对利润

产生巨大的影响，因此这一因素属于敏感因素。

在对单因素进行分析时，假如选择的不确定因素是单位变动成本，假设其他的不确定性因素不发生改变，单位变动成本每平方米下降 10 元，通过计算，其利润增加了 8.5 万元。

$$\Delta R = Q_0 \times (VC_0 - VC_1) = 8500 \times (350 - 340) = 85000 (元) = 8.5 (万元)$$

其敏感系数 $= \dfrac{\dfrac{85}{377.1} \times 100\%}{\dfrac{-10}{350} \times 100\%} = -0.79$，计算结果显示，单位变动成本对利润

产生的影响比较小，敏感程度比较低。

在对单因素进行分析时，假如选择的不确定性因素是固定成本，假设其他的不确定性因素不发生改变，固定成本总体减少 100 万元，通过计算，其利润增加了 100 万元。

$$\Delta R = FC_0 - FC_1 = 18754000 - 17754000 = 1000000 （元） = 100 （万元）$$

其敏感系数 $= \dfrac{\dfrac{100}{377.1} \times 100\%}{\dfrac{-100}{1875.4} \times 100\%} = -4.97$，计算结果显示，固定成本将会对利润

产生巨大的影响，因此这一因素属于敏感因素。

通过以上对各个影响因素的敏感性进行分析发现，除了单位变动成本以外，其他三个因素都对利润的敏感性比较强。其中敏感性最强的是平均单价，因此在目标利润的实现和调整中，需要优先变动平均售价。

5.3.2.3 多因素分析

在各项不确定性因素中，是互相影响的关系，比如平均单价的降低会吸引消费者购买，实现销售量的增长。为此进行以下多因素分析：

多因素变化 1：在销售的过程中，企业在平均单价降低 5%，使销售的面积

增加了 10%，计算出来的利润提高了 85 万元。

$$\Delta R_1 = Q_0 \times (P_1 - VC_0) - Q_0 \times (P_0 - VC_0)$$

$$= 9350 \times (2850 - 350) - 8500 \times (3000 - 350) = 850000(元) = 85(万元)$$

多因素变化 2：在销售的过程中，企业在单位变动成本增加 5%，使销售的面积增加了 2%，计算出来的利润提高了 29.8775 万元。

$$\Delta R_2 = Q_2 \times (P_0 - VC_2) - Q_0 \times (P_0 - VC_0)$$

$$= 8670 \times (3000 - 367.5) - 8500 \times (3000 - 350) = 298775(元) = 29.8775(万元)$$

通过以上的分析和比较，发现平均单价、销售面积的因素敏感性较强，对利润的影响更大。

5.3.2.4 影响因素的临界值计算

将 R 确定为 0，对于四个影响因素的临界值进行计算。

$$Q_{Min} = \frac{FC}{P - VC} = \frac{18754000}{3000 - 350} = 7076.98(元/平方米)$$

$$P_{Min} = \frac{VC \times Q + FC}{Q} = \frac{350 \times 8500 + 18754000}{8500} = 2556.35(元/平方米)$$

$$Q_{Min} = \frac{P \times Q - FC}{Q} = \frac{3000 \times 8500 - 18754000}{8500} = 793.65(元/平方米)$$

$$FC_{Max} = Q \times (P - VC) = 8500 \times (3000 - 350) = 22525000(元) = 2252.5(万元)$$

以上对于销售面积的最小数值、平均单价的最小价值、单位变动成本和固定成本的最大值分别进行了计算，为项目风险评估工作的开展提供了依据。

5.4 投资风险分析工具

在对项目进行分析中需要采用科学的分析方法，主要的分析方法有决策树法、敏感性分析法等。上述方法中，敏感性分析虽然在业内较为常用，但其只能看出单个敏感性因素对项目净现值产生的影响，对多种因素产生相互影响的情况不能进行准确的分析。对层次分析法的使用，需要在各个风险因素独立的情况下开展，但是在实际的工作中各个因素之间必然存在着联系。网络分析法能较好地解决层次分析法这一使用局限性，能有效地分析各风险因素之间的关系并找到关键因素，但其评价指标体系繁杂，不同项目的评分权重都存在差异，实施起来比较复杂。

本节对项目投资风险分析内容的重点主要在成本费用的分析以及计划上，很多投资项目失败的原因在于对前期投入和成本的估计错误，以至于整个投资项目的失败，因此本节主要介绍项目投资成本的分析方法。现行的成本控制的方法有：

5.4.1 甘特图法

在项目运行时，需要对运行的时间、运行的工作进行计划，对工作进度进行规划，甘特图法可以更加直观地显示实际进度和计划进度之间的差异，这种方法的使用比较直观、清晰，在操作上也比较简单，所以很多的小项目都在使用甘特图法来分析项目的进度计划。

在项目建造的过程中，因为甘特图法具有简单、清晰、直观的特点，所以实现了广泛的利用，但是在不断的实践中表明，甘特图法只适用于一些小型项目的进度计划分析，大型项目的工作比较复杂，使用甘特图法不会产生良好的分析效果，不能反映各个工作环节之间的内外联系，当实际和计划的进度产生差异时，也不具备调整的能力。甘特图法没有对项目具体的开始和结束时间进行计算，不能准确地体现工作进度对项目的整体性影响。

5.4.2 S曲线比较法

S曲线比较法是一种比较常见的投资风险分析的工具，S曲线表示的是一个图形，其中横坐标指的是时间，纵坐标指的是工程量进度。在对工程量进行表示时，可以用工程量的大小、消耗的时间、发生的费用来表示，还可以用百分比来表示。大部分的项目在时间的消耗上体现出一定的规律性：在工程前期，资源的使用数量比较少，之后在不断地增加，发展到中期达到了顶峰，之后开始逐渐减少，在整个过程的变化中，形成了一条中间陡峭的S形曲线，因此而得名（见图5-2）。在项目实施和进展过程中，需要将实际进度标在原来划定的计划曲线上，将实际进度和计划进度进行比较（见图5-3）。在充分比较之后，可以得出相关的进度信息。在原计划曲线上绘制出实际进度的点，如果在原计划曲线的左边，说明实际的进度要更快一些，可以在图5-3中的a点显示出来；如果在原计划曲线的右边，说明实际的进度要慢一些，可以在图5-3中的b点显示出来。

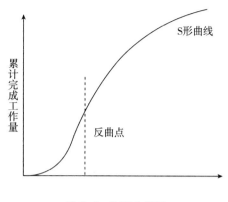

图 5-2　S 形曲线图

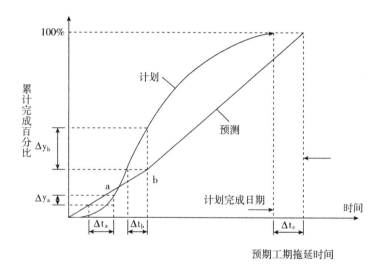

图 5-3　S 形曲线比较图

5.4.3　工程量香蕉图法

在对投资的风险进行分析时，工程量香蕉图法是一种比较实用的分析方法。是两条 S 形曲线形成的组合图形，在图 5-4 中可以显示出来，香蕉图在时间的开始上和结束上都是相同的两条图形，一条图形称为 ES 曲线，是根据最早开始的时间来绘制每一个过程上进度的曲线；另一条图形称为 LS 曲线，是根据最新开始的时间来绘制每一个过程上进度的曲线。将两个曲线进行比较之后发现，除了起点和终点，ES 曲线上的点都在 LS 曲线点的左边，在一个固定的时间点内，两条曲线所完成的工作量具有一定的差异。一般来说，项目在进展的过程中，最优的状态是对于实际进度点的绘制，都应该绘制在两条曲线的范围内，如图 5-4 中的曲线 R 所示。

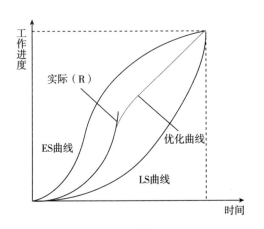

图 5-4　香蕉曲线比较图

香蕉曲线可以对实际进度和计划进度进行全面的比较，以此来调整进度，保证项目能够如期完成。除此之外，还可以对工期开展合理的预计。在图 5-5 中的ES 曲线、LS 曲线表示的就是对工程进度的预测。

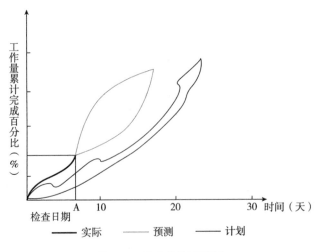

图 5-5　进度趋势预测图

项目工程运行和发展的目标就是要实现经济收益的增长，在经济收益增长的同时，也存在着较多的风险，风险的发生是不可避免的。这就需要企业实施有效的风险管理方式，能够准确地识别风险，采取有效的措施减少风险的发生，对于工程中发生的各项成本、工程进度等方面进行管理，合理地利用和使用资源实现经济收益的增长。

5.4.4　进度成本联合优化模型

在对项目制订计划时，不仅需要利用资源分配和进度管理来实现项目的顺利开展，更重要的是在满足工期、进度等要求的前提下，对现有的资源进行最合理的利用，使用最小的资源支出，实现经济效益最大程度的增长，要想实现这一目标，就要进行进度成本优化。进度成本优化主要包括以下内容：

5.4.4.1　工期优化

工期优化包括两个方面内容：在计算的工期大于要求的工期时，要对计划进行调整和优化，使得两者之间的差别不断缩小，在这一过程中要注意对成本的控制。在计算的工期小于要求的工期时，也要对计划进行调整和优化，缩小两者之间的差距，在这一过程中需要注意的是要节省可能发生的各项费用。在工期优化的过程中，比较常见的是第一种，工作开展的关键就是要优化关键工作的时间。

在优化关键工作的时间时，首先要确定最早开始的时间，能够有效地利用时间，避免出现等待的时间、闲置的时间，要对各个环节上的工作进行分类，合理地安排每一个环节中需要的时间，实现各个环节上时间的有效衔接。

同时优化关键时间，需要对其持续的时间进行压缩，这一工作环节需要在关键性时间的前提下开展，如果出现了多种选择的路径，需要将持续时间的和压缩成相同的数值。压缩关键工作时间的具体程序是：

（1）在计划中，找出关键的路径，计算每一条路径需要的工期。

（2）计算压缩的时间 Δt。

（3）根据各项影响因素，选择关键性的工作，影响因素是：减少对工程安全影响小的时间；有充足备用资源的工作；减少增加费用少的时间。

（4）将优先开展的工作缩短在最短的时间内，以此来寻找关键路径，在压缩之后工作时间变成非关键的，则应将其持续时间延长，使之仍为关键工作。

（5）如果计算的工期还是大于要求工期，要继续重复以上程序。

（6）如果将所有的时间都调整成为最短的时间，但是还不能满足工期上的要求，就需要调整原有的计划和工作。

5.4.4.2　进度—成本优化

在工程项目实施的过程中，进度和成本是影响工程顺利完成的关键性要素，要在成本控制最小的情况下，在最短的时间内完成项目。这就是进度—成本的优化。其中发生的各项费用有直接费用和间接费用，它们和工期之间的关系是有差别的，直接费用和工期是反比例变化的，间接费用和工期是正比例变化的。成本—进度优化的过程是：

（1）直接费用综合的计算。

（2）计算直接费的费用率。

直接费主要指减少的单位时间所需要的直接费用。工作 i-j 的直接费率用 ΔC_{i-j}^{D} 表示。直接费用率可以用公式表示为：

$$\Delta C_{i-j}^{D} = \frac{C_{i-j}^{C} - C_{i-j}^{N}}{D_{i-j}^{N} - D_{i-j}^{C}} \tag{5-2}$$

其中，D_{i-j}^{N} 表示的是在 i-j 的时间内，D_{i-j}^{C} 表示的是 i-j 的最短时间，C_{i-j}^{C} 表示工作 i-j 的最短持续时间直接费；C_{i-j}^{N} 表示工作 i-j 的正常持续时间直接费。

（3）确定间接费的费用率。

间接费主要指减少的单位时间所需要的间接费用。工作 i-j 的间接费率用 ΔC_{i-j}^{iD} 表示。间接费率一般根据实际情况确定。

（4）寻找计划中的关键路径，计算每一条路径上的工期。

（5）选择减少持续时间的对象。

（6）寻找缩短时间之后的关键工作，遵循的是保持关键路径原则。

（7）计算相应的费用增加值。

（8）在工期变化的情况下，分析各项费用的变化，以此来计算总费用。

总费用计算如下：

$$C_{t}^{T} = C_{i+\Delta t}^{N} + \Delta T \times \Delta C_{i-j}^{D} - \Delta T \times \Delta C_{i-j}^{iD}; \quad 即 \quad C_{t}^{T} = C_{i+\Delta t}^{N} + \Delta T \times (\Delta C_{i-j}^{D} - \Delta C_{i-j}^{iD}) \tag{5-3}$$

其中，C_{t}^{T} 表示总费用；$C_{i+\Delta t}^{N}$ 表示前一次的总费用；ΔT 表示工期缩短值；ΔC_{i-j}^{iD} 表示间接费率；ΔC_{i-j}^{D} 表示直接费率。

（9）重复以上步骤，在总费用不再减少时停止。

5.4.4.3　计算竣工期及概率分析

在计算项目的总工时时，可以根据每一个工作程序上的期望工时来进行计算。每一个工作程序上的工时具有随机性的特点，所以总工时也是期望工时推导出来的，指的是在每一个工作程序上期望工时的和。因此，总完成周期的方差是临界路径上所有过程的方差之和。在工作量大的情况下，总完成周期遵循以 T_Z 为均值的规则，呈基本的正态分布。

为了能够对工期进行有效的管理，保证项目能够在规定的时间内完成，需要计算完工的概率。主要的计算过程如下：

$$P(T \leqslant T_S) = \int_{-\infty}^{T_S} N\left(T_S, \sqrt{\sum \sigma^2}\right) dt = \int_{-\infty}^{\frac{T_S - T_Z}{\sqrt{\sum \sigma^2}}} N(0, 1) dt = \Phi\left(\frac{T_S - T_Z}{\sqrt{\sum \sigma^2}}\right) \quad (5-4)$$

其中，$N\left(T_S, \sqrt{\sum \sigma^2}\right)$ 是以 T_S 为均值，$\sqrt{\sum \sigma^2}$ 为方差的正态分布；$N(0, 1)$ 是标准正态分布。

在项目实际开展的过程中，需要对工期值的分析、风险的评估来制订进度计划。主要的工期值是：一是最低成本工期（T_C），即最理想工期；二是希望达到的工期（T_E），实现的可能性较大；三是计划工期（T_S）。对于以上三种工期进行分析，了解其预期完成的概率，如果没有达到规定的工期要求，需要根据环境的变化等因素，对工期的进度进行合理的调整，在对各项工作的时间、采取的技术进行修正之后，再开展分析的工作。

5.5 本章小结

本章通过引入项目投资风险的概念，详细地介绍了项目投资风险的类型、特征以及项目投资风险产生的原因和应对措施，对项目投资风险有一个全面而系统的认识。接下来，指出了项目投资风险的分析指标，将指标分为回收期、偿还期、盈亏平衡点和敏感性因素四大类，对于企业项目投资的评价和分析具有重要意义，可以借助这些指标对投资项目进行评价。本章还提供了两个投资案例供参考，分别是盈亏平衡点的案例和敏感性因素的案例。最后本章列举了四种分析方法：甘特图法、S 曲线比较法、工程量香蕉图法、进度成本联合优化模型，这些方法在实际的项目投资分析中能够提供很大的帮助。

思考题

1. 第一部分讲到了项目投资风险产生的原因、应对措施以及重要性，请结合这部分内容思考一下你对项目投资风险的定义是什么。

2. 第一部分将项目投资风险分为投资决策风险、投资成本控制风险、投资体制风险、投资市场环境风险，你还能从哪些角度去分析企业的投资风险？例如PEST 分析、SWOT 分析、波特的五力模型。

3. 除了本章提到的回收期、偿还期、盈亏平衡点、敏感性因素四个指标作为衡量投资风险的标准，请思考一下，还有别的指标可以作为衡量投资风险的标准吗？

4. 本章介绍了多种对投资风险分析的方法，请你结合身边的案例思考一下，哪些方法用得最多？为什么？

5. 结合本章内容谈谈项目投资风险在企业中的地位以及未来的发展方向。

第6章 项目环境风险评估

本章导航

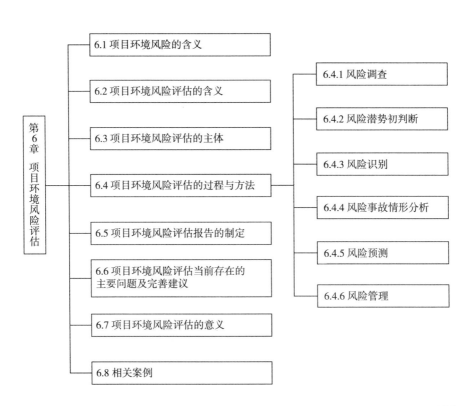

6.1 项目环境风险的含义

项目环境风险是指由项目建设引起的，通过环境媒介扩散，对项目周边人类社会环境和自然环境产生破坏、损害乃至毁灭性作用等不幸后果事件发生的概率及其后果。一般而言，项目环境风险可以分为两类：项目突发环境风险与项目累积环境风险。项目突发环境风险是指由项目突发事故导致环境质量和人类健康破坏的可能性。项目累积环境风险是指项目建设过程中产生潜在的对环境质量和人类健康造成长远负面影响的可能性。

6.2 项目环境风险评估的含义

项目环境风险评估是指对项目施工和运行期间发生的可预测的突发性事件引起的易燃、易爆和有毒有害等物质泄漏，所造成对人身安全与环境的负面影响开展的可能性评估，并通过制定科学的防范、应急与缓解措施，使建设项目的事故发生率、损失和环境影响达到可接受水平。环境影响评价制度作为我国环境保护法律制度中的一项重要制度，是项目环境风险评估的主要法律依据和执行标准。

6.3 项目环境风险评估的主体

项目环境风险评估的主体是指具有环评资质且可以接受委托为建设项目和规划环境影响评价提供技术服务的机构，即环境影响评价机构（以下简称环评机构）。环评机构应当是依法注册的企业法人或核工业、航空以及航天行业的事业单位法人。同时，环评机构应当具有固定的工作场所和环评工作质量保证体系，建立并实施环评业务承揽、质量控制、档案管理以及资质证书管理等制度。

环评机构必须经国家环境保护行政主管部门评估和考核，并持有有效的资质证书。同时，环评机构需要按照核定的等级在评价范围内开展环评服务，并对评价结论承担法律责任。根据环保部规定，项目环境影响评价机构资质可分为甲、乙两个资质等级。取得环境影响报告书类别甲级资质的，可承担该类别各级环保行政主管部门负责审批的环境影响报告书的编制工作；取得环境影响报告书类别乙级资质的，只可承担该类别省级以下环保行政主管部门负责审批的环境影响报告书的编制工作。同时，甲级资质的环评机构，其评价范围需至少包含一个环境影响报告书甲级类别；乙级资质的环评机构，其评价范围只包含环境影响报告书乙级类别和环境影响报告表类别。

6.4　项目环境风险评估的过程与方法

环境风险评估的过程主要包括风险调查、风险潜势初判断、风险识别、风险事故情形分析、风险预测和风险管理。首先，基于对建设项目可能存在的风险进行调查，评估建设项目采用材料和采取工艺的风险和环境敏感性，初步判断建设项目潜在风险并确定其风险评价等级。其次，风险识别和风险事故情形分析需要确定危险物质在整体生产系统中的主要分布，选择具有代表性的风险事故情况，合理设置事故源项。最后，根据确定的评价工作层次，对建设项目涉及的各环境要素进行预测和评价，分析评估环境风险危害的范围和水平，提出建设项目环境风险防范的基本要求。

6.4.1　风险调查

风险调查主要包括对建设项目风险源调查和环境敏感目标调查。建设项目风险源调查是指调查建设项目中存在的各类有害物质的数量、分布以及生产工艺特点等属性，并收集与有害物质相关的安全技术手册等基础资料。关于危险物质基础资料识别应该依据国家相关标准判断，在环境风险评价中经常使用的标准、规范包括《国家危险废物名录》（环境保护部令第 39 号）、《危险化学品目录（2015 版）》、《常用危险化学品的分类及标志》（GB 13690）、《石油化工企业设计防火规范》（GB 50160）、《建筑设计防火规范》（GB 50016）、《职业性接触毒物危害程度分级》（GB Z230），以及《常用化学危险品安全手册》《危险化学品安全技术全书》等基础资料。环境敏感目标调查是指基于建设项目中存在的各类危险物质对环境（例如大气、地表水以及地下水等）可能造成影响的方式和途径，确定环境敏感目标，并基于此制定环境敏感目标的位置分布图。

6.4.2 风险潜势初判断

风险潜势初判断是指根据建设项目所涉及的材料和工艺系统的风险水平，以及项目的环境敏感性水平和环境影响路径，评估建设项目的潜在环境危害程度。建设项目的环境风险潜力分为Ⅰ级、Ⅱ级、Ⅲ级、Ⅳ级、Ⅳ+级。

建设项目潜在的环境风险水平主要受到两方面影响：一方面是建设项目涉及危险物质的危险性水平。危险性水平越高，建设项目潜在的风险水平越高。另一方面是由建设项目引发的突发事故对周围环境造成影响的严重水平，建设项目所在地的环境敏感程度越高，突发事故的后果越严重，建设项目所具有的潜在环境风险水平越高。对存在极高风险的建设项目可考虑前期进行优化调整，降低其风险潜势。

6.4.3 风险识别

在深入开展建设项目环境风险评估阶段，风险识别是环境风险评估的基础，是进行风险分析和控制的首要步骤，识别的全面与否和深度直接影响评估结果的优劣和措施的针对性。风险识别不仅要识别建设项目固有的危险性，也要识别危险物质向环境转移的途径。

存在危险物质、能量和危险物质、能量失去控制是危险因素转换为事故的根本原因。因此，风险识别应从危险因素分析入手，根据危险因素存在的特点，同时考虑工艺条件、操作环境、危险故障状态等因素，识别危险物质转化为事故的触发条件和可能导致的事故类型，分析危险物质向环境转移的途径。

风险识别主要包括物质危害性识别、生产系统危险性识别、危险物质向环境转移的途径识别。风险识别的方法通常包括以下几方面：

第一，资料收集和准备。环境风险评估方根据突发事故可能引起的环境风险类型（例如危险物质泄漏、火灾、爆炸等），收集建设项目工程数据、周边环境数据以及国内外同行业事故统计分析和典型事故案例数据等资料。对已经建成的项目，环境风险评估方需收集环境管理体系、运行维护手册、环境应急预案、应急培训、演练记录、历史环境应急和生产安全事故调查数据、设备故障统计数据等资料。

第二，物质危险性识别。环境风险评估方应给出所识别的危险物质的易燃、易爆、有毒、有害的危险特性，并明确危险物质的分布情况。

第三，生产系统危险性识别。环境风险评估方应根据流程和功能区布局，结合物质风险识别，以图表形式展示危险单元划分结果和单元内危险物质最大存有量。同时，根据危险单元评估危险源的危险性、存在条件和事故触发因素，并采用定性或定量分析方法筛选关键风险源。

第四，环境风险类型及危害分析。环境风险类型包括危险物质泄漏、火灾、爆炸等事故引发的伴生或次生污染物排放。环境风险评估方根据危险性识别结果，评估项目中有害物质向环境转移的可能路径和影响。

6.4.4　风险事故情形分析

风险事故情形分析是指在风险识别的基础上，选择具有较大环境影响的代表性事故类型，设置风险事故情形。例如，2020 年 3 月 28 日发生的"3·28"尾矿库泄漏次生重大突发环境事件，2020 年 7 月 14 日发生的贵州遵义桐梓中石化西南成品油管道柴油泄漏事故次生重大突发环境事件。风险事故情形的设置内容一般包括环境风险类型、风险源、危险单元、危险物质和影响路径等。

风险事故情形的设置原则主要包括以下四个方面：

第一，同一种危险物质可能具有多种类型的环境风险。危险和事故情况包括危险物质的泄漏，火灾、爆炸引起的伴生和次生污染物的释放。环境风险评估方应分别设置不同环境因素产生影响的风险事故情形。

第二，对于火灾、爆炸等事故，环境风险评估方应将未完全燃烧并挥发到大气中的有害物质以及燃烧过程中的二次污染物对环境的影响视为风险事故情形的内容设置。

第三，环境风险评估方对风险事故情形的设定应在合理范围内，且与经济技术发展水平相适应。

第四，环境风险评估方对事故情形的设置应该在环境风险识别的基础上进行筛选，其所设定的事故情形需要在危险物质、环境危害等方面具有代表性。

源项分析法是风险事故情形分析的主要方法。源项分析需要基于风险事故情形的设定合理估计事故强源。事故强源是为事故后果的预测提供分析模拟情形，可基于计算法和经验估计法确定。计算法适用于因腐蚀等因素造成的泄漏事故。而经验估计法适用于火灾、爆炸等事故产生的污染物释放。

6.4.5 风险预测

项目风险预测主要预测建设项目的大气风险和水环境风险。

（1）大气风险预测。

大气风险预测要求环境风险评估方评估在代表性气象条件下建设项目有毒有害物质泄漏可能造成的影响范围及程度。通过筛选预测模型，获取大气扩散范围、事故源参数、气象参数以及大气毒性终点浓度值等指标，预测项目有毒有害物质在大气中的扩散结果。通常来说，在开展事故风险预测时，为了考虑危害最严重的情形，通常考虑选择最不利气象条件下的扩散。具体分析方法为：取建设项目所在地近 3 年内的至少连续 1 年的逐日、逐次观测资料统计分析得出有代表性的气象条件，统计内容包括统计年的平均气温、平均湿度、出现频率最高的稳定度级别、该稳定度下出现频率最高的风向（非静风）、该稳定度下的平均风速（非静风）。同时，大气毒性终点浓度值会被分为一级和二级。一级终点浓度值是指当大气中有害物质的浓度低于该限值时，大部分人暴露 1 小时不会对生命构成威胁，而当超过该限值时，则可能对民众的生命构成威胁；二级终点浓度值是指当大气中有害物质的浓度低于该限值时，暴露 1 小时一般不会对人体造成不可逆的伤害，或症状一般不损害个体采取有效防护行为的能力。

对于大气风险预测结果，环境风险评估方一般从以下三方面进行回答：

第一，环境风险评估方应给出下风向不同距离处有毒有害物质的最大浓度和达到不同毒性终点浓度的预测浓度的最大影响范围。

第二，环境风险评估方应给出各个关注点有毒有害物质浓度随时间的变化情况，以及预测关注点浓度超过评价标准的时刻和持续时间。

第三，对于大气环境风险较高的建设项目，环境风险评估方应对关注点进行概率分析，以反映未采取防护措施的关注点人员受到伤害的可能性。

（2）水环境风险预测。

进入水环境的有毒有害物质包括由事故直接造成的和在处理处置过程中因事故间接造成的。通过筛选预测模型，获取终点浓度值等指标，预测有毒有害物质在地表水和地下水环境中的运移扩散结果。

对于水环境风险预测结果，环境风险评估方应该从以下三方面进行回答：

第一，环境风险评估方应当给出有毒有害物质进入地表水水体最远超标距离和时间。

第二，环境风险评估方应当给出有毒有害物质通过排放通道到达下游的时间、超标时间、超标持续时间和最高浓度。对于水中的漂流物质，应给出漂流轨迹。

第三，环境风险评估方应当给出有毒有害物质进入地下水体并到达下游厂界和环境敏感目标的时间、超标时间、超标持续时间和最高浓度。

6.4.6 风险管理

项目环境风险管理是指根据社会、经济和技术发展水平，采用科学的技术措施和管理方法，对环境风险进行有效的防范、监测和应对。

项目环境风险防范措施主要包括以下几方面：

第一，大气环境风险防范应根据风险源明确环境风险防范措施，提出环境风险监测要求，并根据环境风险预测分析结果、区域交通以及安置位置等因素，提出疏散通道和人员安置应急建议。

第二，事故废水环境风险防范需要明确"单元—厂区—园区/区域"环境风险防控体系要求，设置事故废水收集和应急储存设施，满足事故泄漏物和污水收集需要。同时，事故废水环境风险防范还需要设定控制和阻断系统，防止事故废水进入外部环境。

第三，地下水环境风险防范应以源头控制和区域防渗措施为重点，加强地下水环境监测预警，提出应急缓解措施。

第四，针对重大风险源，应建立风险监测和应急监测系统，实现事故预警和应急快速监测跟踪。

第五，对于改扩建、技改项目，应分析依托企业现有环境风险防范措施的有效性，并提出改进意见和建议。

第六，在环保投资和建设项目竣工的环保验收内容中，应包括环境风险防范措施。

第七，考虑事故触发的不确定性，将工厂环境风险防控体系纳入园区/区域环境风险防控体系，明确风险防控设施与管理的衔接要求。

第八，项目环境风险评估结束后，要开展环境风险沟通，将相关信息有效传递至社会大众，防止由项目环境风险演化为项目社会风险的可能性。项目环境风险沟通的方法可通过在项目所在地实地张贴告示、实地走访当地公众、制定满意度与意见调查问卷、开展公众座谈会以及听证会等多种方式。

6.5　项目环境风险评估报告的制定

基于前期充分的评估与论证，项目评估机构根据项目实际评估情况制定项目环境风险评估报告，即项目环境影响评价报告书（表）。项目环境影响评价书一般包括下列必备内容：

(1) 建设项目的概况。

(2) 建设项目周围环境现状。

(3) 建设项目对环境可能造成影响的分析、预测和评估。

(4) 建设项目环境保护措施及其技术、经济论证。

(5) 建设项目对环境影响的经济损益分析。

(6) 对建设项目实施环境监测的建议。

(7) 环境影响评价的结论。

涉及水土保持的建设项目，还必须有经水行政主管部门审查同意的水土保持方案。环境影响报告表、环境影响登记表的内容和格式由国务院环境保护行政主管部门制定。同时，对于国务院有关部门、设区的市级以上地方人民政府及其有关部门，对其组织编制的工业、农业、畜牧业、林业、能源、水利、交通、城市建设、旅游、自然资源开发的有关专项规划应当包含以下内容：

(1) 实施该规划对环境可能造成影响的分析、预测和评估。

(2) 预防或者减轻不良环境影响的对策和措施。

(3) 环境影响评价的结论。

6.6　项目环境风险评估当前存在的主要问题及完善建议

首先，项目环境风险评估耗时久。从风险调查到风险管理，环评机构需要对项目建设地的各项背景环境资料进行调查、收集和测试工作，这使项目环境风险评估耗时久，与项目实际建造或运行时间间隔较大。因此，可通过建立健全区域环境资料库等方式减少风险评估耗时，提升项目环境风险评估效率。

其次，项目环境风险评估质量参差不齐。不同的项目环境风险评估机构业务水平具有差异性，对于评估质量较差的项目容易使项目出现环境风险以及由此引发的社会风险。尤其对于环境风险沟通环节，不充分的风险沟通容易引发群体性的社会冲突事件，影响社会稳定。强化对项目环境风险评估机构的资质审核和过程监管对提升项目环境风险评估质量至关重要。

最后，环境保护措施落实不到位。由于项目建造方追求建设效率，环境风险评估后所要求的环境保护措施往往存在落实不到位的现象，这使环境风险评估失去了实践作用。因此，强化对项目施工的过程监管对确保项目环境风险评估中环境保护措施的落实具有重要意义。

6.7　项目环境风险评估的意义

首先，项目环境风险评估是建设项目制定切实可行的环境保护对策和进行科学管理的基础。通过对项目的环境风险评估，项目责任方可以获得符合环境标准要求的项目信息和数据，进而有效建设和运行项目，防止因环境风险而造成项目停摆，甚至引发大规模群体性事件的可能性。

其次，项目环境风险评估为制定地区经济发展战略提供了科学依据。在传统的发展模式中，由于缺乏对社会、经济，特别是环境的综合分析和评价，一个区域的发展往往具有很大的盲目性，地区资源环境破坏严重。通过项目环境风险评估，区域管理者可以有效把握其所在区域的环境特征及容量，并基于此制定符合客观规律的社会经济发展规划。

最后，项目环境风险评估是对传统经济发展模式的重大改革。事实上，在我国传统的经济发展模式中，相关负责人往往只考虑当前的项目经济利益，很少或根本不考虑环境利益，有时甚至以牺牲资源和环境为代价，以求获得暂时的利益。因此，这种发展模式也不可避免地造成了项目周边的环境污染和破坏，导致区域经济发展与当地环境保护的对立。项目环境风险评估的实施可以有效地改变这种状况。项目环境风险评估的过程就是认识生态环境与人类经济活动之间相互依存、相互制约关系的过程。认识的提高有利于经济效益和环境效益的统一，有利于经济和环境的协调发展。

6.8 相关案例

某高速公路建设项目的环境风险评估[①]

某一地区计划修建一条 117 千米长的高速公路，穿过 5 个城镇、10 个村庄和 2 个工业区。所选线路穿越一级水源保护区、风景旅游区和自然保护区，穿越一条河和两座山，并被超高压变电站包围。沿线有一些道路会将道路加宽，标准道路宽度 75 米，主干道双向八车道，两侧有辅道和人行道，新建立交桥，跨 8 号线，跨河桥 1 座，隧道 300 米；翻新 4 个现有的立交桥和跨线，保留 2 个立交桥和跨线。

项目沿线最近的村庄距离拟建公路 300 米。在建设过程中，共拆除房屋 121288 平方米，新建临时建筑 19344 平方米，征地面积 13 万亩。全程设弃土点 10 个，收土点 11 个，高填方段 3000 米。项目总投资 45 亿元。项目选址区域的气候冬、夏有明显差异。夏季气候潮湿多雨，冬季干燥多风。降雨量全年分布不均，7~8 月为雨季。经过环评机构分析，该项目环境风险较低，可以组织开展，其评估主要内容及流程如下：

项目施工期主要环境风险影响主要有：

（1）生态环境影响：施工可能导致沿线生物量减少，地形变化和景观影响。

（2）水土流失：取土点、弃土点、桥梁基础作业、水库旁路基施工、房屋拆迁等容易发生水土流失，对环境产生不良影响。

（3）水环境影响：施工人员产生的施工废水、桥梁施工、水土流失等都可能对水质产生负面影响，因此要特别注意经过水源保护区的路段的施工。

（4）声环境影响：建设拆迁等施工噪声会对施工区周围居民区等声敏感点

---

① 本案例改编自百度文库。

造成影响。

（5）施工扬尘和固体废物也会对施工区周围的大气环境、水环境等造成影响。

项目生态环境现状调查的主要方法与内容有：

（1）自然环境调查：地形地貌、水文、土壤等。

（2）生态系统调查：沿途自然保护区及评价范围内物种的种类、数量、分布、生活习性、生境条件、繁殖和迁徙情况；生态系统的完整性、特征、结构与环境服务功能；与其他生态系统关系及生态限制因素；等等。

（3）区域社会经济状况调查：土地利用现状、资源利用现状等。

（4）敏感保护目标调查。

（5）区域可持续发展规划、环境规划调查。

（6）区域生态环境历史变迁情况、主要生态环境问题及自然灾害等。

采取的主要调查方法：资料收集、文献调研、现场考察、遥感翻译、专家访谈、公众问卷调查等。

项目环境风险评估的基本内容：

（1）生态环境影响源强分析：根据调查结果，从生态完整性和资源配置合理性的角度，分析项目建设可能的生态环境影响源强，并尽可能给出定量数据。如土地覆盖、植被破坏、水土流失等。在分析生态环境影响时，对临时影响与永久影响、直接影响与间接影响进行了区分。

（2）主要污染物排放量分析：在项目建设和运营过程中，对主要污染物废水、废气、固体废物排放和噪声源强以及其他风险进行评估。

6.9　本章小结

项目环境风险评估是指对项目施工和运行期间发生的可预测的突发性事件引起的易燃、易爆和有毒有害等物质泄漏所造成的对人身安全与环境的负面影响开展的可能性评估，并通过制定科学的防范、应急与缓解措施，使建设项目的事故发生率、损失和环境影响达到可接受水平。环境影响评价制度作为我国环境保护法律制度中的一项重要制度，是项目环境风险评估的主要法律依据和执行标准。

环境风险评估的过程主要包括风险调查、风险潜势初判断、风险识别、风险事故情形分析、风险预测和风险管理。首先，基于对建设项目可能存在的风险进行调查，评估建设项目采用的材料和采取的工艺的风险和环境敏感性，初步判断建设项目潜在风险并确定其风险评价等级。其次，风险识别和风险事故情形分析需要确定危险物质在整体生产系统中的主要分布，选择具有代表性的风险事故情况，合理设置事故源项。最后，根据确定的评价工作层次，对建设项目涉及的各环境要素进行预测和评价，分析评估环境风险危害的范围和水平，提出建设项目环境风险防范的基本要求。

项目环境风险评估的主要意义在于：首先，项目环境风险评估是建设项目制定切实可行的环境保护对策和进行科学管理的基础。其次，项目环境风险评估为制定地区经济发展战略提供了科学依据。最后，项目环境风险评估是对传统经济发展模式的重大改革。

思考题

1. 项目环境风险评估的主体是谁？请简述其分类标准和工作内容。

2. 请简述项目环境风险评估的含义及其主要法律依据。

3. 项目环境风险评估的主要过程包括哪几个步骤？请简述各个步骤的具体含义。

4. 项目环境风险评估报告主要包括哪些必备内容？

5. 请简述项目环境风险评估当前存在的主要问题及完善建议。

第7章　项目社会风险评估

本章导航

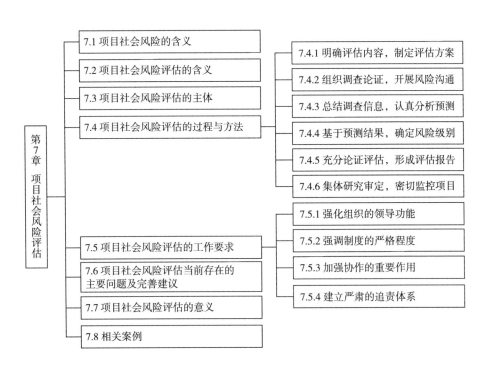

7.1 项目社会风险的含义

项目社会风险是指在重大项目筹划、建设和运营过程中，存在的对项目利益相关者影响较大且容易导致较大规模社会冲突的可能性。比较典型的项目社会风险有安全风险、纠纷风险等。安全风险是指由项目造成的噪声、污气污水、安全生产事故以及辐射等因素引发群体性事件的风险。例如，2012年7月发生的江苏启东事件。日本王子造纸厂计划在启东开设废水排污管道，引起公众反对并引发了大规模群体性示威游行活动。纠纷风险是指在项目筹划、建设和运营过程中由经济利益纠纷事项引发群体性事件的风险。例如，2008年7月19日发生的孟连事件，这是由孟连胶农与企业的经济利益纠纷所导致的一起大规模群体性事件。

7.2 项目社会风险评估的含义

项目社会风险评估又称为项目社会稳定风险评估，是指在与社会公众利益密切相关的重大工程建设项目计划制订、组织施工或单位审批前，对可能影响社会稳定的项目因素进行系统的调查，科学预测、分析和评估，并制定风险管理应对方案。

7.3 项目社会风险评估的主体

与重大项目的立项、审批、决策和实施等相关的主管部门是组织实施重大项目社会稳定风险评估的主体。涉及多个部门的，以牵头部门为评估主体，其他有关部门协助评估。例如，如果是由国家发改委审批、核准的固定资产投资项目，由项目当地人民政府或其有关部门指定的评价主体对项目单位所做的社会稳定风险分析进行评估论证。各级维稳办公室和信访联席会议办公室负责监督、检查、指导和协调项目社会稳定风险评估工作。

7.4　项目社会风险评估的过程与方法

对重大工程建设项目社会风险的评估以"权责统一、合法合理、科学民主、以人为本以及公平和效益"为原则。

"权责统一"是指由重大工程建设项目的承办部门基于"谁主管，谁负责""谁决策，谁负责""谁审批，谁负责"的工作要求，进行项目社会风险评估并对评估结论负责。

"合法合理"是指评估必须遵循法律法规的规定，要做到公开、公正，体现公平，符合广大人民群众的意愿。

"科学民主"是指评估主体要建立科学规范的标准，多渠道、多方法、多层次听取民意，保证评估的全面性、客观性和准确性。

"以人为本"是指评估要充分考虑发展需要与公众承受能力之间的关系，充分考虑公众的长远和当前利益，充分维护公众的合法权益。

"公平和效益"是指评估要统一改革力度、发展水平与社会可承受水平，实现政治效益和经济效益的有机统一。

具体来看，项目社会风险评估包含如下几个过程：

7.4.1　明确评估内容，制定评估方案

项目评估主要负责部门要以重大项目的合法性、合理性、可行性、安全性和可控性为基准制定评估方案，并确定具体的工作目标和要求。

第一，所在项目是否与现有的法律法规以及国家的方针政策相符，是否与国家及各级政府的战略决策和部署相符，是否坚持严格的审查审批和报批流程。

第二，所在项目是否与本省、本系统的近期和远期规划相符，是否与整体社会经济发展规律相符，是否与以人为本的核心要义相符，是否考虑利益相关者的不同需求，是否考虑区域的平衡、稳定和可持续发展。

第三，所在项目是否有充分的科学依据，是否符合公众的意愿，项目所需资

源是否有保障。

第四，项目对所在区域利益相关者利益的影响水平、区域利益相关者承受项目影响的能力以及项目所在地发生群体性事件的可能性。

第五，是否对可能发生的群体性事件等社会不稳定情况制定相应的预防措施和应急处置方案，是否有解决冲突的对策，是否在可控范围内。

确定评估内容后，要合理制定评估方案，明确评估主导部门和协助部门的职责、评估人员的职责等，明确评估职责、内容、方法等，及时组织评估。同时，评估部门需要建立专门的工作档案，做好数据的标准化收集和整理工作，为今后的工作提供参考。

7.4.2 组织调查论证，开展风险沟通

基于项目评估的实际情况，项目评估主要负责部门需将计划决策的各类事项（例如项目对当地社会及经济发展、公民个人或家庭利益的影响以及项目可能产生的安全因素、环境因素）与项目各方利益相关者进行风险沟通，广泛征求各方意见，准确把握群众对评价项目的态度，做好宣传解释工作，及时答复各界和群众的疑虑，并及时对拟进行的重大项目相关条目进行修改和完善。项目风险沟通的方法可通过在项目所在地实地张贴告示、实地走访当地公众、实施满意度与意见问卷调查、开展公众座谈会等多种方式。项目评估方在进行风险沟通时需要对风险沟通方法进行有效选择，注意沟通效率与效果，坚持避免无效沟通方式，切实获得项目利益相关方真实的意见反馈并予以积极回答。

7.4.3 总结调查信息，认真分析预测

根据调查获取的与项目相关的第一手资料，参照评估的主要内容，对项目规划确定后可能出现的不稳定因素进行分析和预测，科学、客观地进行评估。必要时，可邀请有关专家、学者和党政领导召开稳定风险评估会和听证会，进行科学论证。特别是要全面分析和评估项目利益相关者群体的意见和建议，分析可能的不稳定因素，逐项评估和预测风险发生的概率、数量、矛盾和冲突的范围和强度，以及可能的负面影响。对重大复杂问题，要征求上级机关的意见和建议。

7.4.4 基于预测结果，确定风险级别

基于项目风险沟通实际效果，项目评估机构将所在项目社会稳定风险划分为

A 级、B 级、C 级。A 级是指公众负面反应强烈，可能引发重大公众群体性事件的项目。B 级是指公众负面反应较大，可能引发一般性公众群体性事件的项目。C 级是指少数公众持反对意见，可能引发个体纠纷事件的项目。对 A 级和 B 级的项目，项目评估机构需要制定相应的防范和化解公共群体性事件风险的方案。

7.4.5　充分论证评估，形成评估报告

基于前期充分的评估与论证，项目评估机构应当根据项目实际评估方案的具体事项、风险沟通效果、风险分析与结论以及防范和化解风险的对策等内容，制定项目社会风险评估报告。

评估报告一般包括以下内容：重大项目的概况（包括项目名称、建设单位、拟建地点、施工期、总投资以及经济社会影响分析等），评估依据（包括与评估相关的国家现行的法律法规以及准入条件等），评估主体（包括评估主体的组成与职责分工等），评估过程与方法（包括评估概要、评估过程、评估主要方法、评估相关程序以及主要任务等），风险调查评估和各方面意见采纳情况（包括风险调查的全面性、公众参与的代表性、公众意见采纳情况以及公众参与调查结论等），风险识别和估计评估、风险防范和化解措施的评估（包括风险防范和化解措施的评估、责任主体以及综合评估意见等），项目主要风险因素汇总，项目合法性、合理性、可行性、可控性评估结论、项目风险等级结论，项目主要的风险防范和化解措施（包括利益诉求问题风险化解措施、社会治安问题风险化解措施、安全管理风险化解措施以及其他不可预见性问题的风险化解措施），风险事件应急预案与建议，等等。

7.4.6　集体研究审定，密切监控项目

重大项目实施前，有关主管部门应当以集体会议研究的形式进行审查和评定。项目评价主体应当将项目社会风险评估报告及防范化解风险的对策报有关部门党委会议等重要会议审批，由会议集体研究并决定该项目实施、暂缓实施或不实施。对于已经被批准实施的重大项目，有关部门要根据分析评估情况，制定并落实化解不稳定因素、维护社会稳定的措施。对可能出现的不稳定隐患制定应对方案，有针对性地做好群众工作，严格防止影响社会稳定的重大事件发生。在项目实施过程中出现新的、重大的不稳定情况时，责任部门要按照计划及时妥善处理，或对项目计划做出适当调整。通过社会稳定风险评估后的项目计划落实，负

责单位需要不断听取项目利益相关者的意见，及时发现新的风险和隐患，并跟进对策。

7.5　项目社会风险评估的工作要求

7.5.1　强化组织的领导功能

项目社会风险评估工作组要高度重视将社会风险评估作为维护社会稳定、推进项目顺利进行的重要基础工作；要强化组织的领导功能，认真部署和组织；要根据实施方案，结合实际，制定具体的实施方法和工作计划；要完善工作机制，建立常态化、规范化的工作流程，确保社会风险评估工作平稳有序开展。

7.5.2　强调制度的严格程度

坚持把项目社会稳定风险评估作为重大项目计划制订和实施的前置程序和必要条件，建立严格的工作制度，坚决杜绝没有经过社会稳定风险评估而盲目执行的重大项目决策。要充分尊重和使用项目社会稳定风险评估的结果，科学决策，协调好国家、集体和个人等各个利益相关方的利益，从源头上预防和减少影响社会稳定的问题出现。要积极总结历史经验，在实践中不断探索和创新，逐步建立和完善项目社会稳定风险评估的长效工作机制。

7.5.3　加强协作的重要作用

既要按照"谁主管，谁负责""谁审批，谁负责""谁经营，谁负责"等要求，全面实施本区域负责的项目社会稳定风险评估工作，又需要统筹规划、加强合作、相互配合，正确处理主要责任部门与相关合作部门间的合作关系。既要坚持依靠业务部门对重大项目做出的稳定性风险评估，又要重视维稳部门的一线工作内容，有效协调业务部门与维稳部门间的协作关系。要重视重大项目相关知识的宣传解释工作，有效确保项目各个利益相关方对所计划项目具有清晰和准确的认知。

7.5.4　建立严肃的追责体系

对应该进行社会风险评估而没有进行评估的，或者在评估过程中进行形式主义、弄虚作假，使项目社会风险评估制度失效进而引发大规模群体性抗议事件，给社会稳定造成严重负面影响的，对有关项目单位主要和直接负责人依法进行责任追究。对社会风险评估已经进行，但大规模的公众群体抗议活动仍然发生并对社会稳定造成严重负面影响的，也需根据规定进行追责。

7.6　项目社会风险评估当前存在的主要问题及完善建议

首先，对项目社会风险评估的功能定位把握不够。在项目社会风险评估的实施中，一些地方单位主要把重点放在如何促进项目通过审批上，而在项目社会风险评估中对如何预防和化解项目可能引发的社会冲突的重要作用不够重视，结果也常常导致因社会群体性反抗事件而迫使项目停摆的情况发生。这样，不仅加重了社会公众对所筹建项目的质疑，也破坏了社会公众对项目社会风险评估的可信度。因此，提高地方政府对项目社会风险评估功能定位的认识，明确项目社会风险评估的出发点和落脚点，对健全项目社会风险评估机制具有重要意义。

其次，项目社会风险评估机构的专业化水平需要提升。重大工程项目的风险往往具有鲜明的特点，地方政府委托一般评估主体进行风险评估时，这些机构在风险识别、公众沟通和指标选择等方面往往不够准确，进而可能使项目社会风险评估失去主要功能。同时，如果地方政府委托具有项目行业背景的第三方机构进行评估，这些机构的独立性和公正性又常常被公众质疑。因此，通过完善项目社会风险评估机构专业化水平考核机制，引入社会力量和公众代表参与风险评估等方式，提高项目社会风险评估机构的专业化水平和公信力，对推进项目社会风险评估工作的平稳有序进行至关重要。

最后，公众参与流程不规范。公众参与作为项目社会风险评估的关键环节对有效防范大规模群体性冲突等社会风险事件具有重要作用，而在项目社会风险评估实践中，部分地方政府由于担心公众的非理性诉求，而选择性地采取公众参与措施，这不利于社会矛盾的化解，反而会增加公众的不满情绪。因此，规范公众参与流程至关重要。首先，要不断完善项目信息公开制度，充分保障公众对项目建设全过程的知情权、参与权和监督权。其次，要将风险沟通纳入法制化轨道，做到有法可依、有法必守。最后，要从多层次和多角度推进公众普法教育、科普宣传和网络舆论建设的法治化和制度化。

7.7　项目社会风险评估的意义

项目社会风险评估是指对重大项目在实施过程中是否会引起影响社会稳定或危害公共安全的重大事件进行前期预测和研判，从而为前期干预和解决突发问题提供科学依据，以便更好地服务经济社会发展，确保社会稳定和公共安全。开展项目社会风险评估工作，主要是在项目建设前认真分析和评估可能对社会稳定产生负面影响的因素并及时采取针对性措施，从源头上预防和减少社会矛盾和不稳定因素。整体来看，项目社会风险评估有助于从根源上防范和减少重大社会矛盾纠纷的发生，有助于把群体性冲突事件应急工作的重心转移到预防环节，有助于更加积极主动地解决项目运行过程中所遇到的各种突发问题，对保障社会经济有序发展具有重要意义。

7.8　相关案例

疏港公路项目的社会风险评估①

疏港公路项目自微山湖环湖西路沿规划线位向西，建于 427 省道与 272 省道交叉处，路线全长约 5.3 千米。设计标准为一级公路，路基宽为 25.5 米，设计

---

① 本案例改编自徐州市鑫海工程项目管理有限公司。

时速为 80 千米/小时；建设投资为 16882.6 万元，其中环保设施投资 303 万元。建设和实施单位为某县交通运输局，建设周期为 12 个月。

疏港公路工程项目建设沿途经过湖西农场三分场所属的三家村、韩坝村，湖西农场一分场所属的湖西村、封小楼村。湖西大堤至韩坝村为既有线路扩建，涉及树木砍伐、电力通信线路及排水管网改造，新征农田地用来改建两旁道路；韩坝村至终点为新建道路，道路沿线需新征农田地并涉及韩坝村少量房屋拆迁，湖西农场老年公寓拆迁，道路、水利管网改造等。所征土地性质为湖西农场国有土地，土地利用现状为基本农田。

湖西农场原为江苏省农垦局国营单位，后划至某县管理，湖西农场辖四个分场。目前，湖西农场实行职工年满 16 岁分地，女满 50 岁、男满 60 岁的土地收回，农场职工退休后均被纳入国家职工养老保障体系。

本项目利益相关群体为湖西农场（一分场、三分场）单位职工及湖西农场民政办下属单位职工，其中：一分场为湖西村、大闸村、封小楼村；三分场为三家村、韩坝村。

1. 稳评工作的方法途径

以发放"公众意见调查表"的形式为主，同时通过张贴稳评公示、座谈调查以及舆情调查等多种途径进行稳评。

2. 稳评工作过程

（1）合法性。该项目已取得《关于某县交通运输局新建疏港公路工程项目建议书的批复》（沛发改审发〔2017〕145 号）、某县规划局颁发《建设项目规划选址意见书》（选字 3203220170000 号）以及《关于某县交通运输局新建疏港公路工程项目环境影响报告书的审批意见》（沛环审〔2017〕71 号）等文件的支持。

（2）合理性。县港区是徐州港的重要组成部分。徐州港是"北煤南运""西煤东运"的重要中转枢纽，主要供应京杭运河江苏沿线和长江三角洲地区的煤炭运输。本项目是某县港重要的疏港道路，承担着某县港与中心城区及国省干线沟通联系功能。项目建设中主要涉稳因素为农场职工的征地补偿及房屋征收安置补偿、涉农利益等风险因素。为降低该项风险，提出征地补偿、房屋征收安置补偿以及提供就业和增加当地居民收入等多种防范化解措施。

（3）可行性。本项目的建设符合国民经济和社会发展规划、行业规划、产业政策、土地利用总体规划和徐州市、某县总体规划。项目建设方案经过科学严谨的论证，既符合交通运输部"十三五"发展规划的目标要求，同时也是全面落实新一轮国家公路网规划的需要。本次调查的基层部门和相关公众均表示对项目的支持。

（4）可控性。通过对网络论坛进行研究，目前未见媒体不良舆论。通过张贴稳评公示、问卷调查、走访调查、召开座谈会等手段进行调查，未引发社会稳定的负面效应，均对项目实施持支持态度。针对沿线群众反映的征地补偿、房屋征收补偿、涉农利益、环境问题、交通问题以及施工安全问题等风险因素，项目组提出了针对性的风险防范和化解措施。

3. 稳评结论

通过稳评工作，解决了以下重点涉稳问题：

（1）本项目与正在实施的国家农业综合开发高标准农田建设项目部分产生冲突。经过协调，相关政府部门调整了《某县 2017 年度第一批国家农业综合开发高标准农田建设项目》的规划，避免了国家集体资金的浪费。

（2）韩坝村涉及拆迁房屋，原设计道路穿过村庄，前后的房屋不拆、拆中间的房屋，产生的矛盾大；某县交通运输局已按稳评建议调整设计向南挪，充分利用原有道路，仅影响村边房屋，减少拆迁量。

经综合评定，本项目社会稳定风险被评定为：中风险，待落实风险防范化解措施后再实施。

7.9   本章小结

项目社会风险评估又称为项目社会稳定风险评估，是指在与社会公众利益密切相关的重大工程建设项目计划制订、组织施工或单位审批前，对可能影响社会稳定的项目因素进行系统的调查，科学预测、分析和评估，并制定风险管理应对方案。

对重大工程建设项目社会风险的评估是以"权责统一、合法合理、科学民主、以人为本以及公平和效益"为原则。通过明确评估内容，制定评估方案；组织调查论证；开展风险沟通；总结调查信息，认真分析预测；基于预测结果，确定风险级别；充分论证评估，形成评估报告；集体研究审定，密切监控项目等步骤进行项目社会风险评估。

项目社会风险评估有助于从根源上防范和减少重大社会矛盾纠纷的发生，有助于把群体性冲突事件应急工作的重心转移到预防环节，有助于更加积极主动地解决项目运行过程中所遇到的各种突发问题，对保障社会经济有序发展具有重要意义。

思考题

1. 请简述项目社会风险的含义及分类，并举例说明。
2. 请简述项目社会风险评估的主要原则及含义。
3. 项目社会风险评估的主要内容有哪些？请简述其具体内容。
4. 请简述社会风险评估的主要流程。
5. 请简述项目社会风险评估当前存在的主要问题及完善建议。

第8章 项目风险应对

本章导航

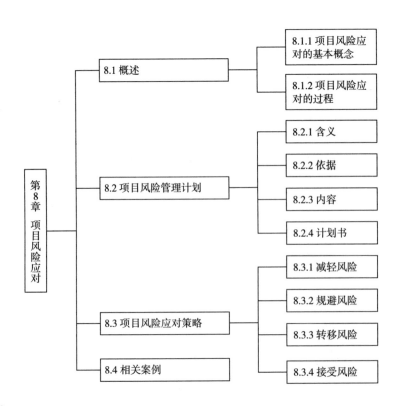

8.1　概述

项目风险管理的主要目的是及时有效地识别出项目所潜在的风险，即可能对项目进程与结果造成消极影响与作用的事件，并对其进行整体评估，进而对相关风险采取针对性措施，将风险造成的负面影响降至最小或项目可接受的水平，从而保证项目的顺利推进，达成既定目标。如果项目风险被识别与评估后，管理者与执行者不能及时有效地采取相应措施来应对这些风险，将会造成如工期延误、质量缺陷、投资进一步增加等一系列后果，这些都会影响项目的正常实施与推进，甚至给项目各方造成不可挽回的损失。因此，如何制定或选取有效的项目风险应对策略，以减少风险带来的损害，是项目决策者与管理者面临的亟须解决的现实问题。

8.1.1　项目风险应对的基本概念

项目风险应对是在项目风险识别与分析的基础上，采取针对性应对风险的策略，以达到预防和减轻风险造成的损失以及提高项目风险可能带来收益的目的，最大程度地满足项目目标。项目风险应对涉及多方面的工作，主要是根据项目工作组以往的经验与现有的知识制订相应的风险应对管理计划，并根据风险管理计划实施相应流程中的风险应对策略。在实际的项目工作中，项目风险应对就是指以最低的成本来实现风险应对目标，而在选择一个具体的风险应对策略时，通常需要考虑的是如何以最少的成本来实现在完工时间、完工质量等方面的效益最大化。

8.1.2　项目风险应对的过程

项目风险应对具有时间的持续性，制定方案、管理风险具有一定的周期，需要消耗相应的时间，即项目风险应对有开始、展开和结束的过程。项目风险应对过程主要包含两个阶段：一是风险管理应对计划的制订阶段；二是将计划中的风险应对策略付诸实施阶段。其中，项目风险应对计划是决策、分析和操作等多个方面人员在分工协作的基础上制定出来的，要消除或减轻项目风险，只制订详备的计划是不够的，必须在应对策略的实践中进行检验。

项目风险应对过程如图 8-1 所示。

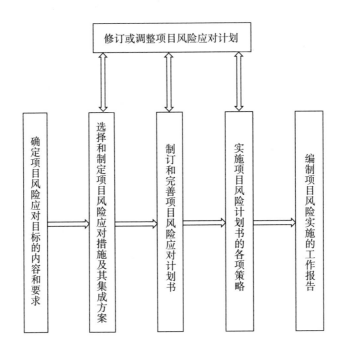

图 8-1　项目风险应对过程

8.1.2.1　确定项目风险应对目标的内容和要求

项目风险应对目标是项目组织开展项目风险应对相关工作的要求和目的，是指导管理与执行人员开展项目风险应对过程的指南，也是指导决策者选择和制定项目风险应对措施的方针指南和具体要求，所以决策者必须要首先明确项目风险应对的具体目标，才能恰当地选择项目风险应对措施，进而编制完善的风险应对计划。项目决策者制定风险应对目标的根本依据是制订项目风险规划时所设定的风险管理目标。制定项目风险应对目标时必须考虑到几个问题：项目组织对风险的偏好以及对项目风险的承受能力；项目组织所面临的资源使用约束；项目风险应对的成本收益权衡；等等。

8.1.2.2　选择和制定项目风险应对措施及其集成方案

制定出项目风险应对目标后，项目决策者便根据这些目标和要求去选择和制定项目风险应对措施。开始搜集、处理和使用以下两方面的项目信息：项目风险识别和度量的信息；项目组织的项目风险应对能力和手段信息。信息收集充分之后，便开展有关项目风险应对措施比较和选择工作。

8.1.2.3　制订和完善项目风险应对计划书

项目风险应对计划的主要作用有三个：一是对已经识别和度量出来的项目风险应对措施的计划安排；二是对项目风险应对措施如何实施的计划安排；三是项目风险应对措施计划随着项目进展发生新的变化所做出的变更计划安排。项目风险应对计划的主要内容包括五个部分：项目概况、项目风险识别、项目风险分析与评估、项目风险管理的工作组织、项目风险管理工作的检查评估。

8.1.2.4　实施项目风险应对计划书的各项策略

决策者完成项目风险计划书后，参与者与支持者便可以依据计划书实施相应的项目风险应对策略。完备的风险应对计划只有精准地实施后才能实现既定风险应对目标，所以相对于风险计划的安排工作，具体的实施工作需要摆在更加突出的位置。项目风险应对的实施过程包括两个方面：实施和落实已制定的风险应对措施，监督和控制项目风险应对工作。

8.1.2.5　编制项目风险实施的工作报告

在完成一定的项目风险应对任务以后，需要编制项目风险应对的工作报告，以便总结和检查项目风险应对工作的总体情况、计划完成情况以及项目风险应对措施实施的效果。工作人员可以在项目周期的某些节点、里程碑处或者在项目风险应对工作出现较大问题或改变时编制项目风险应对工作报告。编制风险应对工作报告的作用在于"前事不忘后事之师"，总结和归纳项目风险应对中的失误和问题，避免风险事件的再次发生。

8.1.2.6　修订或调整项目风险应对计划

随着项目的推进，内部条件和外部条件的更迭变换，项目决策者与参与者需要修订、调整甚至更换原有的项目风险应对措施。造成修订或更新项目风险应对措施的原因主要有以下几点：项目所处外部环境的发展与变化、项目组织内部条件的发展与变化、项目自身因素的发展与变化等。

8.2　项目风险管理计划

项目风险应对过程的首要阶段是制订项目风险管理计划。项目管理工作的各种流程与细节都不能离开详尽的分析与计划，一个项目管理工作的水准很大程度上是由前期的计划工作决定的。在控制时点上，项目风险管理计划属于项目风险管理的事先控制。

8.2.1 含义

项目风险管理计划（Project Risk Management Planning）是规划和设计如何实施项目风险管理的过程，这一过程包括明确项目工作所涉及的成员与组织以及风险管理的行动方案，明确判断风险的依据，选择恰当的风险管理策略，并用于对风险管理活动的计划和实践形式进行决策，其结果是整个项目风险管理过程全生命周期的和战略性的指导纲领。制订具体的项目风险管理计划时，需要考虑的因素有：项目的定义、可采用的风险管理策略、项目中的角色预定义及其权责、项目业主的风险容忍能力、如何制定风险管理模板和对工作进行分析解构等。

项目风险管理计划是一个动态和不断迭代的过程，主要包括项目风险评估、项目风险控制、项目风险监控和记录的多种活动，其结果是项目风险计划书。通过制订项目风险管理计划，实现下列目的：①最大程度地减少或消除项目风险。②制定若干备选的风险应对行动方案。③建立时间和物资储备以应对不可避免的风险。

项目风险管理计划的目标是强化有组织、有明确目的的项目管理流程与管理思路，从而达到预防、减轻甚至消除项目风险事件的发生及可能造成的损失。

8.2.2 依据

项目风险管理计划是指确定一套完整系统、相互协调的方法和策略并将其形成相应文件的过程，这套方法和策略主要用于识别和跟踪风险，确定风险缓解方案，对风险进行持续的评估，从而确定风险变化情况并配置充足的物资及资源。项目风险管理计划阶段需要注意的问题有：①项目风险管理策略在理论和实践中的可行性。②实施的管理方法与策略是否契合总目标的需求。

因此，项目风险管理计划主要包括两个方面：一方面，项目决策者针对项目条件选定行动方案，方案一经选定，就要制订有针对性的风险管理计划。为使计划更加切实可行，常常还需对计划进行再分析，特别是要检查计划是否与其他已做出或将要做出的有关决策冲突，为项目发展留出余地。决策者一般是在获取项目风险充分的信息后做出相应决策。另一方面，选择与已选定行动方案匹配的风险应对策略，并将选定的项目风险应对策略写入风险管理计划中。

项目风险管理计划的依据主要有：①项目计划中包括或涉及的有关内容，如项目的目标与规模、利益相关者、项目执行中的时间段与所需资源、复杂程度、约束条件及假设前提等。②项目管理者与决策者的相关项目经验与知识。③决策者责任方及授权情况。④项目利益相关方对风险的可承受范围与能力。⑤能收集到的关于项目的整体信息。⑥项目风险管理模板，以使风险管理标准化、程序化。

8.2.3　内容

项目风险管理计划针对项目的全生命周期，制订如何组织和实施风险识别与量化、风险评估与应对及风险监控的计划。项目风险管理计划具体应包括：管理方法、所涉及人员、项目全过程工期、风险类型级别及说明、基准、汇报形式和持续追踪等。

（1）管理方法。包括明确风险管理所使用的方法、数据资源与工具等内容，此内容不是一成不变的，可随着项目进展灵活调整。

（2）所涉及人员。包括明确风险管理过程中领导者、支持者及相关参与者，明确各自的角色定位、具体的任务分工及其相应的责任和能力要求。为使项目管理效益最大化，应合理分配人员职责与工作。

（3）项目全过程工期。包括界定项目生命周期中每个阶段的风险管理过程、各运行阶段及相应过程的评价、周期或频率的控制和变更。

（4）风险类型级别及说明。明确定义项目风险评估和风险量化的全部类型级别，在防止决策信息滞后实际的项目进程中，对项目风险类型进行明确的定义解释极为重要。

（5）基准。定义并说明由谁以某种具体方式采取相应的项目风险应对行动，合理恰当的项目风险应对行动定义可成为项目风险管理的基准，并以之衡量团队执行风险应对计划的效果，从而避免项目的业主方与承担方对内容的理解产生歧义。

（6）汇报形式。明确规定项目风险管理过程中应当及时汇报或沟通的规范，如内容、范围、方式等。项目风险汇报与沟通应包括项目团队内部之间的互联沟通、项目利益各方之间的互联沟通。

（7）持续追踪。主要为明确项目实施过程中如何以文档的方式记录清楚风险管理过程。项目风险管理记录文档可有效应用于当前项目的风险规划、评估、评价监控、经验教训的总结及对以后项目的实际指导等。

8.2.4　计划书

在全面系统分析与评估项目风险的基础上，制定有效的风险管理方案将直接决定风险管理的成本与收益，这是项目风险管理工作能否成功的关键。项目风险管理计划书的基本要求是翔实、有效、全面、具体，其基本内容应包括：风险管理方案的制定原则和框架、风险管理的措施、风险管理的工作程序等。具体内容参见第2章2.3.2部分项目风险管理计划书。

8.3　项目风险应对策略

制定项目风险应对策略时主要考虑风险是否具有以下四个特点：可缓解性、可规避性、可转移性和可接受性。如图8-2所示，相对应的项目风险应对策略分别为减轻风险策略、规避风险策略、转移风险策略和接受风险策略。项目决策者要根据不同风险的发生概率和对项目总体目标造成的负面影响选择对应的应对策略，其中减轻风险策略和规避风险策略往往适用于具有较大影响的严重风险，转移风险策略和接受风险策略则通常适用于影响较小的轻微风险，选择哪种应对策略在某种程度上决定了采用何种项目开发方案。

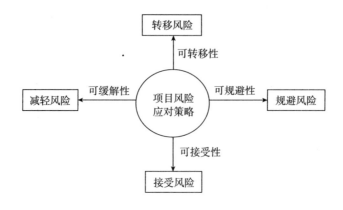

图 8-2　项目风险应对策略分类

8.3.1　减轻风险

减轻风险是通过特定的方法与手段，将风险的负面影响减轻至可接受的程度，或设法把风险事件的概率与后果降低至一个可以接受的程度。减轻风险是风险存在时所使用的最为普遍的一种风险决策方式，其使用效果往往取决于风险是否已知与风险的可预测性。

对于已知风险，项目管理组可以动用现有资源加以控制项目发展方向，降低该类风险发生的概率与影响。例如，通过压缩关键流程时间、采取"快速跟进"或加班来减轻项目进度带来的风险。

项目管理组无法完全控制的风险可分为可预测风险和不可预测风险，通常需要采取迂回措施。例如，政府投资建设的公共工程，由于政府预算不在项目管理组的控制之中，存在政府在项目开始前或进行中削减预算的风险。要减轻这类风险，直接使用项目资源一般无效，需要进行翔实深入的调查分析，才能降低其不确定性。例如，随着智能手机的创新、普及与移动网络的发展，手机游戏市场逐年壮大，各大游戏公司开始着重发展手机游戏产业，但从确定项目到研发，再到审核通过及之后用户的反馈调整更新，中间所消耗的成本往往非常巨大，再加上手机游戏生命周期一般较短，应尽量做到万无一失。因此，在决定是否开发一个新手游前，应先进行深入细致的市场调查，如市场容量与前景、相关营销渠道、现有同类或其他有关手机游戏的盈亏状况、同类游戏的竞争力等，同时需要了解游戏玩家的偏好、需求以及消费习惯等，有了这些基础，提出的项目才会有更大的成功机会。项目链条中每一个环节风险都降低，才能降低整体的项目风险，从而提升整个项目的成功率。

项目风险管理的成效与工程时间关系极为密切，必须采取相应措施减轻未来的风险，以有效减轻项目风险。例如，石油天然气钻井是隐蔽性很强的地下工程，也是一个多工序、多工种、连续作业、立体交叉的系统性工程，同时具有高技术水平、高投入和高风险的特征。钻井工程项目包括整口井的钻井活动，即在陆地上修建井场或海上建造钻井平台、安装钻机设备、钻井施工、下套管固井、测井、试油完井等一系列作业。受制于地质条件、技术水平、装备能力、施工经验、管理规范以及一线作业工人的熟练程度等因素的限制，加上钻井管理与运行模式等因素的制约，对环境、设施和人员等不同形式和程度的作用和危害，即形式多样、程度不同的风险，存在于钻井工程项目作业的不同阶段和不同环节中。

所以要根据钻井地的地质环境与条件以及钻井技术的特点，积极引进先进的科学技术，采用可靠有效的技术措施将钻井的技术风险降至企业所要求的最低水平以下。或将企业无法承受的风险等级降至企业可接受的水平，如在钻井工作开始前充分做好地质探测与钻井工程流程设计，做好预案并及时发现正确处置复杂情况和井下事故。同时在井口操作、设备搬迁安装、电器启动及生活用电等方面采取必要的安全防范措施。

例如，制造业企业为提高生产效率，通常需要引进更新更高效的生产技术或生产设备，在引进技术或设备之前，为保证生产工作准时投产，降低新装备的技术风险和使用风险，通常需要进行详细的考察论证，确保引进项目的高效与可靠，同时对选派人员进行相关技能培训，引进装备之后，再通过规范安装、精心调试等方法来降低其不确定性，从而实现既定目标。虽然发生概率低，但是一旦发生，将会造成严重后果的风险，通常被列为不可预测风险，这类风险是最难减轻的风险之一。对于这类风险，可以在一定条件下提升其发生的概率，从而让可能的严重后果早日暴露。不可预测风险发生之后便成了已知风险，可以尝试通过研究分析来找到对应的风险减轻方法。根据帕累托"80/20"原理，项目风险中往往只有少数风险会对项目整体造成巨大的损失，因此应集中主要资源研究攻克这些风险。

8.3.2　规避风险

规避风险是指当被识别和分析出的风险潜在威胁发生的可能性较大，风险事件一旦发生造成的后果太严重，且无其他有效策略可用，使风险造成的可能损失远大于其可能收益时，通过主动放弃整个或部分项目或改变项目行动方案或目标，来规避项目风险的策略。如果在项目风险评价时发现项目实施将会面临巨大威胁，项目管理组又缺少有效手段控制风险，甚至保险公司也认为风险过大，拒绝承保，这时不得不考虑放弃该项目，以避免项目实施可能带来的巨大损失。对于城市和工程建设项目，如大型化工园区、核电站等必须研究分析这个问题。

规避风险主要包括主动预防和完全放弃两种。主动预防风险是彻底消除风险来源。例如，修建公路时，在一些事故多发或交通拥挤地段，为彻底消除交通事故风险，可采取改建人行天桥、禁止非机动车辆、行人等通行或扩建路面等措施；在高空作业时精细化操作步骤，设置安全网；在航空工业中，细小的螺钉都可能带来无法挽回的巨大灾难，规定在工作场地只准穿特定工作服，禁止携带手机、钥匙等个人物品进入工作场地等措施。

规避风险的另一种策略是完全放弃，这种做法比较少见。例如，某项目可能会因为市场不稳定而出现某种必须资源的短缺而出现失败，并给企业造成巨大损失，然而企业却无法有效地保证在当前的形势下能稳定地获取该项目资源，此时企业则应该完全放弃该项目以规避风险。在工程项目中，如果当地分包商技术、资金、信誉不够，构成较大的分包风险，则应放弃分包计划或选择其他分包商，如果拟采用的最新施工方法还不够成熟，则需要选择不够新颖但足够成熟的施工方法，以此来规避相关风险。

最彻底的规避风险的办法是完全放弃，但完全放弃会带来许多其他的问题：①放弃就意味着失去该行业的发展和机遇。例如中国航空工业著名的运十大飞机下马事件，运十大飞机是我国首次自主研发的大型客机，其制造设计将会带动整个国家的民用航空工业甚至整个工业体系的整体水平，运十于 1980 年首次试飞，并在之后进行了长时间大规模的试飞工作。后来随着改革开放的进行，市场和经费存在重大风险，运十飞机未能继续研制下去，直到 2017 年，中国才再次迎来了 C-919 大飞机的试飞，距运十首飞已过去 37 年。这中间失去了培养和锻炼中国民航工业建设队伍的机会，丢掉了发展民航工业有关产业的机会，丢掉了许多民航市场就业的机会，我国险些放弃了整个民航国际市场等。②放弃意味着消极。项目的复杂性、高风险性等特点，要能最大程度发挥项目管理者的主观能动性，利用各种现有条件促进风险因素转化，进而有效控制或消除风险。而完全放弃，意味着工作的消极观，不提倡创造性，不利于组织以后的发展。

必须认识到，项目风险是无处不在的，不能简单地因为惧怕项目风险而采用规避风险策略，甚至直接完全放弃项目。在采取规避策略之前，应充分发挥项目管理者与决策者的主观能动性，对风险有充足的认识，对不利因素出现的概率和后果严重性能足够把握，并与项目风险收益进行联合分析，来决定是否采用规避风险策略。改变或完全放弃进行中的项目，一般会付出很高的代价，因此要采取规避策略，最好在项目活动尚未实施时。

8.3.3　转移风险

转移风险是将风险及其应对权利转移至参与该项目的其他人、其他组织或第三方，所以又叫合伙分担风险。转移风险的目的不在于降低风险发生的概率和后果，而是借助商业协议或合同，在风险事故发生时将全部或部分损失转移到有能力接受或控制风险的组织或个人。设计项目转移风险通常可以采取的方式有：保险、担保、合同或协议、出售、分包等。当项目所能调用的资源有限，不能实施预防或减轻策略，或者风险发生概率较低，但可能造成的利益损失很大时，可考虑采用此策略。多数情况下，项目转移风险策略的采用是有成本的，比如购买项目的保险需要支付保险费用，签署相关免除责任的协议或担保，需要按照风险责任和风险义务对等原则进行，因此，项目转移风险策略是通过支付一定成本的方式来转移风险的措施。通常，转移风险可以分为财务性转移风险和非财务性转移风险。

8.3.3.1 财务性转移风险

财务性转移风险（Financial Risk Transfer）一般分为保险类转移风险和非保险类转移风险两种。

（1）财务性保险类转移风险。

财务性保险类转移风险是转移风险最常用的一种策略，是指项目组通过签订保险合约，向保险公司缴纳一定数额的保险费，来对冲风险，从而以投保的方式将某些风险转移到保险公司身上。随着现代保险业的发展，各种项目保险的种类越来越多，保险范围越来越广，例如建筑工程一切险及第三者责任险、安装工程一切险及第三者责任险等，这些保险为选择和使用项目转移风险策略提供了条件与可能。

建筑工程一切险及第三者责任险是对工程项目施工提供全面保障的保险类别，它既对施工期间的工程本身、建筑设备、施工机械等硬件设施所遭受的损失予以保险，同时也对在施工中给第三者造成的人身、财产等伤害承担赔偿责任。通常来说，建筑工程一切险适用于所有的公共工程和房屋工程，其承保范围包括意外事故、自然灾害以及人为过失等，但被保险人因设计错误、违章建造或故意破坏、战争原因等所造成的损失，以及保单所规定由投保人承担的免赔额等除外。安装工程一切险通常用在以安装工程为主体的相关工程项目，与建筑工程一切险相同，亦附加第三者责任险，该保险的保险期自安装工程开工或首批投保项目运行至安装工程开始之日起生效，到安装工程完毕并通过验收或者保单开列的结束日期结束。不论是建筑工程一切险，还是安装工程一切险，本质上都是对业主的财产的保险，其保险费均计入工程成本，并最终由业主承担。

根据保险合约，一旦发生了项目风险事故，保险公司将承担被保险人由合约规定的风险所造成的损失，最终减小或消除了项目风险的损失，保障了项目的顺利开展或延续。国际上的惯例，建设项目的业主不但需要自己向保险公司投保建设项目施工中的风险，而且也要求承包商向保险公司投保。需要考虑到的是，尽管目前保险业务的发展在业务种类与范围较之以前有较大扩展，但现有的项目保险毕竟不能包罗万象，有时会面临缺少项目保险或保费过高等不利情况，因此通过购买保险来转移风险有时也会受到限制。

（2）财务性非保险类转移风险。

由于财务性保险类转移风险的限制，便有了通过非保险类的方式来转移项目风险的应对策略。与财务性保险类转移风险不同，财务性非保险类转移风险通常指以不同的方法和形式，通过中介将风险转移给商业上的合作伙伴。例如，通过银行以贸易信贷的形式或其他方法将风险转移给商业上的伙伴。

担保是一种常见的财务性非保险类转移风险的方式。担保，指为他人的违约、失误或者债务负间接责任的一种承诺。在项目管理上是指银行、保险公司或其他非银行金融机构为项目风险负间接责任的一种承诺。常用的担保方式有保证、抵押、质押、留置和定金等，提供担保者和被担保者之间经常签订担保合同，采用这种策略所付出的代价大小取决于风险大小。

例如，建设工程项目施工承包商请保险公司、银行或其他非银行金融机构向项目业主承诺为承包商在投标、履行合同、归还预付款、工程维修中的债务、违约或失误负间接责任。为能得到该承诺，需要承包商付出一定的成本，当然，本质上，成本最终的承担者为项目业主。在获取该承诺后，承包商行为方面不稳定性所带来的风险就由项目业主转移到了第三方机构，即保险公司、银行或其他非银行金融机构等出具保函者。

又如，高速公路建设工程需要大规模的投资，党的十八届三中全会提出，"允许地方政府通过发债等多种方式拓宽城市建设融资渠道，允许社会资本通过特许经营等方式参与城市基础设施投资和运营"，开启了公私合作模式的新发展局面，公私合营模式满足了我国高速公路等基础设施市场化大规模投资的需求。总承包投资企业在与政府合作的过程中，对于政府方面的一些风险，如新修订法律法规带来的政策风险，旧法律的不完善或过时等风险，项目管理方可根据前期调查分析的结果通过各种协议将风险转移给政府或者保险公司等，企业绝不能成为社会资本接棒融资的受害者。在实践中的具体做法有很多，比如通过协议条款强化对政府的有关约束，确保一个流程透明、信息公开的市场准入条件，确保项目投资方在特许期内的权利有效性，对于由政策变化导致的特许经营权利失效带来的损失予以补偿或赔偿。

8.3.3.2 非财务性转移风险

非财务性转移风险（Non-financial Risk Transfer）是指通过分包、出售或者协议等方式将与项目有关的物业或项目转移到第三方，或者以合同的形式把风险转移到其他人身上，同时也能够保留会产生风险的项目。其中第一种情况与规避风险策略有许多相似之处，两者的目标都是减轻项目风险，但转移风险是将风险转嫁到第三方，而规避风险是不需要任何组织与个人承担风险的。

在非财务性转移风险策略中，分包是十分常见的一种，分包是转让人通过分包合同，将项目风险较大的部分转移给非保险业的其他人，把任务分包给有专用设备和经验丰富的专业单位来承担。分包目前在国际信息市场较为普遍，发达国家的企业与人员通常会将项目分包给发展中国家，从而降低研发费用，同时还可以转移较高的技术员工管理风险。

出售是指以买卖合同的方式将风险转移给其他组织或个人，其特点是将与项目有关的风险随项目所有权一起出售给受让组织或受让人。例如，现在工程项目中常见的 BOT（Build-Operate-Transfer），即"经营—建设—转让"，就是国家或者政府将工程项目的所有权都转让给工程公司，与此同时，工程公司需要承担项目所有的风险；上市公司出售股权也是通过出售的方式将利益与风险由大家共同承担。

8.3.4 接受风险

需要明确的是，很难将所有的项目风险完全消除，因此，对一些风险选择性接受也是风险应对的策略之一。接受风险是指项目组在通过对风险的识别与分析后，认为风险可能造成的损失在可承受范围内，主动选择承担部分风险的后果。例如，在一些公司中，更换一个初级员工的费用与留住此人而提升其待遇与福利所花费的资源相差不多，这时公司所采用的策略就是接受已经通过培训的员工离开项目所造成的风险，如果离职，公司所需付出的代价便是重新雇用新员工的费用。

接受风险策略使用的最普遍情况为防备风险发生而制订应急计划时，包括被动风险自留和主动风险自留。主动风险自留是指，在项目执行中，由于在前期的风险规划阶段就已经对一些风险有了认识和准备，因此当风险事件发生时，便可以马上执行提前准备的应急计划。在项目执行中，如果风险事件的发生对于项目整体来说，造成的利益损失并不大，因此将风险损失列为一种项目费用，这是被动风险自留。增加项目费用之后，自然会影响项目的收益。在所有的风险应对策略中，接受风险是最简单省事的，而且在一些情况下也是最经济有效的一种手段。当采用其他风险应对策略的成本超过风险事件本身所能造成的损失时，就可以采用接受风险的策略。

8.4 相关案例

俄罗斯 SL 水泥项目的工程设计风险分析与应对①

1. 背景材料

对于工业建设中的水泥总承包项目，工程建设的灵魂是工程设计工作，它关系到总包项目的进度、质量、成本能否达到项目的预期目标，也关系到项目建成投产后的运行稳定性、安全性、效益性等后期问题。国际 EPC 水泥建设项目具有投资金额大、建设工期紧张、不可控因素多、总包方和设计方在很大程度上有着共同的利益诉求等特点。在整个工程项目的生命周期中，设计阶段属于项目前期。

俄罗斯 SL EPC 水泥项目工程是与国内某省 AA 水泥设计研究院进行合作的项目，项目的总设计方为国内某省 AA 水泥研究设计院。AA 设计院近年来承接了十多项国外 EPC 水泥总承包项目，包括俄罗斯、塔吉克斯坦、越南、苏丹、印度和印度尼西亚等国家，多数项目已完成最终验收。AA 设计院在这些国外 EPC 项目的实施过程中，碰到过各种各样的风险问题，有些是根据经验在开始前预料到的，而有些风险则是从未遇到过的，因此在各国的施工过程中接受了不少教训，也积累了许多经验。

---

① 案例来源：胡光 . XX 设计院国际水泥 EPC 项目的工程设计风险分析与应对［D］. 合肥：中国科学技术大学，2015.

俄罗斯 SL 水泥公司 4000 吨/天的熟料生产线位于俄罗斯联邦列宁格勒州 SL 市，距离圣彼得堡市东北约 100 千米。双方合同建设范围包含从石灰石破碎到水泥出厂的一条完整的熟料水泥生产线，含厂内铁路。合同服务的具体内容有：①整个工程的土建、钢结构、厂区给排水、水处理、消防、通风供暖、铁路、天然气、工程照明、辅助车间、综合管网等施工图设计和本土化设计；②设备供货；③土建施工、装修；④设备安装；⑤设备安装监理；⑥生产调试、验收报验等总包工作。该工程设计工作的范围覆盖了工程包工程的全部内容。

在本案例中，鉴于 AA 设计院以往的国际承包项目经验，针对俄罗斯 SL EPC 水泥项目工程设计风险进行项目风险管理。在已建立的项目组织机构的基础上成立专门的风险管理小组，小组以项目设计总负责人为核心，并任命相应的风险管理小组成员，定期召开风险分析和应对交流会，并形成会议纪要文件和处理反馈闭环程序。该项目于 2009 年 5 月开始建设，2012 年 7 月投产，AA 设计院在 2013 年 8 月获得业主发布的项目最终验收证书（FAC）。

2. 工程设计项目存在风险及后果

在项目开展设计之前，根据项目部报价组前期收集到的俄罗斯及该项目的相关资料，并结合多年来 AA 设计院参与国际 EPC 项目积累的经验和教训，表 8-1 列出了项目存在的设计风险、发生原因及可能结果。

表 8-1　俄罗斯 SL 项目设计风险汇总分析

序号	风险因素	发生原因	可能结果
1	地质勘探引起的设计风险	地质勘探资料不够准确；地勘报告存在错误	设计返工、重新打桩、土建基础重新施工；基础过剩浪费
2	业主提供的资料不详风险	业主提供基础数据有误或不全	设计返工，项目质量不达标，成本超支
3	投标报价失误风险	报价时材料量计算错误或缺漏	总包项目亏损
4	合同技术条款引起的设计风险	产品技术指标达不到合同要求；环保指标不达标	设计变更，工程技术改造，项目赔款
5	设计材料选择不当、设备选型不当带来的风险	材料选择不当造成工程质量低下；设备能力选型不当导致浪费或者限制产能	工程质量不达标，技术经济指标不达标

续表

序号	风险因素	发生原因	可能结果
6	设计方案不够优化带来的风险	对设计方案的优化不够，造成成本偏高	项目成本超支
7	设计分包引发的风险	分包方的设计出现质量问题；分包方设计进度出现延迟	项目质量不达标，进度延迟
8	跨文化协作引起的风险	对国际标准理解的不同、对水泥技术水平认知的不同、工作习惯的不同导致本土化进度拖延，项目进度延迟	设计进度延迟，项目工期延迟，项目成本超支
9	设计上各专业协调不当引起的设计风险	各专业协调不当导致设计错误；沟通不足导致施工次序失误	现场施工返工，项目成本超支
10	施工图设计文件质量引起的设计风险	设计无计算或计算有误，导致结构强度不满足荷载；设计只满足功能性，无视经济性	工厂内构筑物倒塌，项目成本超支
11	设计文件的审查和批准中的风险	咨询公司审查拖延设计进度	设计进度延迟，工程延期交付
12	设计资料标示混乱引发的档案风险	图纸、资料标示混乱，分不清最终版本，为施工和日后管理埋下隐患	施工进度延迟，档案混乱
13	设备订货的推迟带来的设计风险	设备订货推迟，设备资料跟不上	设计进度延迟，项目工期延迟
14	设计人员责任心不强导致的风险	设计人员责任心不强引发的任务失误	设计出现质量问题，项目质量不达标
15	业主或咨询公司不规范、不专业的行为带来的风险	勉强遵从了不专业的意见，导致工程质量埋下风险隐患	项目质量、技术经济指标不达标
16	突发事件带来的风险	主要设计人员中途辞职；流行性传染疾病；自然灾害	项目工期延迟，项目成本超支

3. 项目风险管理应对

针对项目中存在的各种风险，项目规划设计方 AA 设计院提出了相应的项目风险应对方案：

（1）地质勘探引起的设计风险。

根据相关国际规定，EPC 承包商对项目现场条件承担着默认合同义务和风险责任，因此，设计方应提高认识，以规避该类风险。具体可采取以下措施：

1）规避风险策略：需要总包方在投标报价之前主动全面地进行现场勘查并购买有关环境与地质信息，并要求设计方全程参与其中，并认真审查探测与购入的地质数据与材料，找出不符合常规的错误与问题。

2）转移风险策略：要求设计方书面文件告知总包方，业主提供的招标资料信息是其报价的基础，并建议将以下条款写入总承包合同之中："业主提供的招标文件资料是整个报价的基础，若招标文件与实际情况相差较大，则视为变更合同，承包商在履行合同的过程中有权索赔。"

3）减轻风险策略：需要明确勘察报告的质量与深度对整个工程设计的过程如工程工期、投资设计等影响巨大，因此要更加重视工程所在地的地质勘察报告，确保勘察报告的质量与深度，对遗漏或不够清晰的内容应进行补充勘察。

（2）业主提供的资料不详风险。

针对业主提供资料不详带来的风险，主要应采用减轻风险策略。根据相关法律法规与国际惯例，通常，业主对于合同、招标文件中的数据缺失或错误等免责。为了规避该类风险，总包方需在前期的投标准备与中标之后，安排专业的设计团队严格复核工程设计合同中条款的参数、指标与标准等，并就这些技术信息与业主进行充分的交流沟通，并将沟通后达成共识的部分形成补充的合同文件，在之后的工程设计中严格执行。

（3）投标报价失误风险。

主要可以采用减轻风险策略来减少投标报价失误带来的风险。具体可采取以下措施：

1）对报价人员实行奖惩机制，鼓励工程设计人员不断细化和精准化报价方案，对工程量反复计算，确保数据精确，对中标的报价方案，酌情对方案设计人员提供一定奖励。

2）如果报价方案中存在工程量计算有偏差以及其他一些行业常识性错误，应当降低方案设计人员的绩效奖金。

3）在提供报价方案时，需要做到材料数据完善，文件格式统一。

（4）合同技术条款引起的设计风险。

针对可能由合同技术条款带来的设计风险，设计方可采用减轻风险策略，主要目标应为采取相应措施防范总体性能指标风险。总体性能指标包括工程的产量与质量、单位产品热耗、污染物排放、单位产品电耗等方面。设计方应当采用较为成熟的机械设备与工艺技术，以确保具体性能指标的达标，从而保障总体性能指标。如果需要采用较为新颖或工业中不太成熟未使用的设备和工艺技术，需组织相关专家与研究人员，反复分析确保其可靠性，并提前获得总包方对新设备与工艺技术的认可。

（5）设计材料选择不当、设备选型不当风险。

该类风险通常是由设计人员疏忽大意或者水平不足引起，一旦发生，会产生难以控制的风险。对于轻微的失误也许后期还有挽救的机会，如果是关键工程流程、工程材料或设备类型选用不当，将会导致当值项目指标性能不达标，最终给项目组带来难以承受的损失。因此，必须要采用规避风险的策略来防范该类风险。具体措施如下：

1）对于关键流程、工程材料和设备类型选型，应主动参考以往工程设计项目中成功的类似生产线案例，设计人员需仔细分析对比，并注意在新项目中类别和规格存在的差别。设计技术委员会在此过程中需严格监督，并在出现首先选用的产品时，严格审核讨论。

2）设计之前应对总承包合同的技术文件或技术条款反复核查。在设计之前，应当就总包合同中明确指定的一些关键设备的型号和生产厂家，与业主方主动沟通并得到确认。如果有需要修改之处，应与业主进行协商，并形成书面文件，才能更换合同中选定的材料和设备类型。

3）对于法律法规明令禁止或者市场已经明确淘汰的材料和设备，必须严格把关，禁止选用。如中国已经明令禁止在水泥窑中使用含铬耐火砖、在水泥粉磨系统禁止使用直径 3.0 米以下的球磨机等。

（6）设计方案不够优化带来的风险。

优化设计工作是一个较为繁杂且充满弹性的部分，通常也很难衡量其工作效果，但是它能创造的价值极为重要。因此，为了减少设计不够优化带来的风险，主要采用减轻风险策略来防范设计方案不够优化所带来的风险。具体可以采取的措施如下：

1）制定标准工程设计图集。对一些较为普遍、拥有常用规格的通用设施，如混凝土库等，制定并不断优化标准图，确保标准图工程投资量优化效果好且功能性稳定可靠。

2）通过和以往国际成功案例进行对比来减少工程量和材料使用量。将本次设计方案与以往成功案例对比，耗费较大施工量和材料使用量的工程子项和设备，应仔细分析，查明原因，如果不是由工程项目本身决定的，需提交设计人员对项目方案进行优化。

3）使用价值工程方法来优化设计方案。价值工程方法的第一步是建立全面的工程设计方案的评价指标体系，该体系应当包括费用指标体系以及功能指标体系。根据指标体系，首先求出相应的费用和功能指标，其次求出价值指数，最后按照指数排序选出最优设计方案。在选定最优方案后，设计人员需重新对已选方案的主要构成部分再次运用工程价值方法进行分析，并进一步优化。

（7）设计分包引发的风险。

因无法全程监控分包方的设计质量管理程序，可能会带来设计分包引发的风险，主要采用减轻风险策略和转移风险策略来防范该类风险。可以采用的措施如下：

1）规避风险策略：在签订分包合同时，需要充分考虑总包项目的总体设计进度，并进一步对分包工程的设计进度提出明确且严格的要求，以防耽误总包项目进度。

2）转移风险策略：在协商签订分包合同时，明确分包单位的工程设计产品或方案如有质量问题需做出的赔偿。

3）减轻风险策略：工程设计方应安排专门的工作人员与各分包单位进行对接，并安排相关技术人员仔细审核分包单位设计的图纸。

（8）跨文化协作引起的风险。

在国际工程设计中，跨文化协作通常是设计中的主要风险，为有效防范风险并减轻风险带来的负面影响，应当细致地进行调研，并做好相应的风险应对措施。主要采用减轻风险策略，具体如下：

1）大力推进跨文化协作工作。从本部选派一定海外项目经验较为丰富的工程设计人员常驻俄罗斯设计院，以方便进行面对面的高效沟通，这样便可以凭借扎实的专业能力和丰富的设计经验，促进图纸的本地化进度。

2）在施工工地现场派驻土建设计代表。及时帮助现场施工人员准确理解工程设计的理念与具体要求，同时恰当处理现场出现的一些问题，保证将设计理念体现在施工现场，从而保证工程建设的顺利进行。

3）在设计理念上，学习并熟悉工程设计方面的俄罗斯标准。聘请一些俄罗斯水泥工程领域的技术专家，以促进规范理解图纸设计、图纸审核与本土化工作。

4）加强学习俄罗斯电气标准。组织技术人员专门学习俄罗斯工业标准中的建筑照明、电源电路、暖气、消防、广播、安保、防雷接地及辅助车间动力等各方面的标准与要求，并将这些标准与要求体现在电器设计图纸中。

（9）设计上各专业协调不当引起的设计风险。

1）各专业协调不畅导致的设计错误。应采用规避风险策略，以防范该类风险。设计院要努力做到设计的每一步都不延迟进度，因此需严格遵从设计质量保障体系的要求，扎实完成会签等必要设计步骤，确保不为了赶工期而出现设计差错；当设计内容需要修改时，应当执行规定程序进行修改，并对所做的修改做好书面记录，并移送相关部门审查，形成完整的修改会签记录。此外，在具体执行中，设计院应当实时跟进，并根据所遇到的专业协调不畅问题，不断修改设计质量管理体系，从制度上控制相应风险的发生。

2）设计程序差错或沟通不足引发的施工次序差错风险。应当通过细化落实关键流程，降低风险不确定性，以防范这种风险。具体策略如下：①最先外发的工程设计图纸是土建基础施工图，其中会涉及需要预埋、需要与基础同期建设的有关内容，因此应注意在与其他专业会签时，明确提出对土建基础图进行重点审查。②除土建专业外的其他专业，如需要与土建基础同时建设的设施的施工图，应确保其与土建基础图的发图时间同步。③在工程设计的计划中，项目总负责人经常需要按照设计方案来对设计进度进行监督，因此应当显著地标出需要和土建基础图同步进行的外发图纸。

（10）施工图设计文件质量引起的设计风险。

1）设计计算偏差或错误，导致工程结构强度无法满足荷载需求的风险。

这类风险通常是由设计人员粗心大意或水平不足造成的，此外，设计上的某些套图行为也容易造成该类风险。因此，在设计时，应当主动借鉴之前国际工程设计项目中的成功案例，但需要注意，应当根据本次工程内容的实际数据检验负荷，未经验算的套图具有很高的设计质量风险。设计院可以采用规避风险策略来防范该类风险。具体防范措施如下：①在工作中，培养和督促工程设计人员形成严谨负责的设计态度，有效建立设计质量奖惩机制，当发生较为严重的失误时，应当将出错人员调离岗位，并对奖金绩效进行一定的扣减。②扎实落实设计三级校审制度。审核和审定是设计图纸外发的最后两道质量关口，必须严格审核、审定工作人员的审核责任，在工作中强调审核、审定人员必须严格执行审核标准，以确保设计产品的质量符合要求。③对于需要重点把控的设计质量环节和结构点，应将详细设计计算书在设计图纸中体现出来，以方便后续的核查与备案。

2）工程设计忽略了经济效益而只注重其功能性的设计风险，可以采用减轻风险策略来应对该类风险。总包方在整个工程设计中，应当充分利用设计主动权在自己手中这一优势，在满足合同所要求的功能性要求的前提下，运用价值工程的理念与方法对设计方案进行优化，不断提升施工设计文件的质量，并努力减少项目建设成本，恰当运用设计方主体地位，使工程功能性与经济性达到科学的平衡。

优化设计有时能带来相当可观的经济效益，这在国际水泥工程这种大型的工程项目上尤其明显。因此，项目承包商应当不断努力优化设计方法，以达到利益最大化。设计院应当加强优化设计主动性，认真考虑技术方案、工艺布置、设备选型和土建设计等方面的工程成本和施工费用，充分做到从全局进行分析考虑。此外，也要增强技术风险的预防意识，充分确保评估重大技术的可靠性，千万不可为了降低经济成本而采用投机性设计或未经充分论证的技术。与此同时，在选定技术方案时，要仔细查看是否使用其他组织或个人的专利、专用技术等。土建设计要对比分析不同形式结构的建设成本，而工艺设计、设备选型应充分考虑土建成本。

（11）设计文件的审查和批准中的风险。

咨询公司审图时间拖延，设计人员对审查意见的反馈与修改不及时、不到位，审图意见分多次返回等都是设计文件的审查和批准中的风险表现。对于该类风险，主要考虑通过合同或协议将风险与相应权利转移给第三方，也即采用转移风险策略。具体可采取措施如下：

1）在协商签订总承包合同中，应当注明咨询公司审图的时间限制，例如，在合同中明确要求咨询公司对图纸的审查不晚于收到设计图纸后的15天，同时需要将审查结果反馈回设计方。

2）在协商签订总承包合同中，应当注明咨询公司应充分重视审查工作与工期，尽量一次就提出所有的审查问题，倘若发生反复审查致使工程进度延迟，则造成的损失由咨询公司赔偿。

3）应当指定相应的工作人员，负责在设计方与咨询公司之间传送文件，具体为咨询公司指定一人，设计方指定一人，确保双方所有的文件来往都由这两人点对点进行，这样可以保证文件资料的一致性，且可以便捷地形成来往记录。

（12）设计资料标示混乱引发的档案风险。

应当采用减轻风险策略，严抓工作落实，来防范因设计资料标示混乱引发的档案风险。具体措施如下：

1）建立完善的设计质量管理体系，并且将设计图纸资料外发程序和作业文件要求形成规范体现在体系中，在设计成品资料外发前，明确规定资料文件的审核、抽查和归档程序。

2）做好项目分解和项目输入，是在项目正式开展设计后的首要任务，该工作应包含设计项目代号、专业识别码规定、编码规则、子项清单及子项代号等。

3）对于修改后的图纸，应当在制图时间、版本序号等标记上与前版图表严格区分，并针对图纸修改建立完善的修改图外发程序和存档程序，并规定及时将修改图分发给各方。

4）设计图纸的外发流程中，必须包含检查和验证质量管理的执行情况、成品图纸抽查的程序等内容。

（13）设备订货推迟带来的设计风险。

针对某些设备订货延期的风险，可以采取的应对措施如下：

1）减轻风险策略：提前完成相关的工艺设计。在一些可能存在延期的大型设备子项中，应当提前开始进行工艺设计，先完成"延期设备"框外的工艺流程与布置方案，并且提资到其他专业，然后让所有专业先开展工作，等收到延期设备的有关技术数据后，再补充前面已完工的工艺设计图，并再次提资到其他专业，这样可以较大幅度地减少设备延期带来的风险。

2）转移风险策略：在设备合同中设置延期保障条款。应将延期保障条款体现在与设备商签订的订购合同中，条款应要求设备商按合同约定的期限发货，倘若不能按时发货，则应当赔偿因延期而造成的一部分损失。

（14）设计人员责任心不强风险。

人员的行为通常是较为难以控制的一环，在大型工程设计中，通常需要许多设计人员的配合工作，而设计人员的个体行为是千差万别的，要做好人员的统筹管理，最重要的是做好管理制度设计，从而使设计人员个人行为对设计质量的影响处在最小程度，最好的管理结果是，无论是哪位设计人员，都可以将设计质量控制在一定范围内。主要采用减轻风险策略，具体可以采取如下措施：

1）坚持工程设计三级审核制度。在工程设计中，应严格遵守三级审核制度，即一个完整的设计工作应当包含设计、校对、审核、审定四个基本工序，其中后三个工序都是对第一个工序的审查，并且明确三级审查中各级审查应有不同的侧重点。

2）制定设计奖惩制度。倘若由于设计人员责任心不强出现了低级设计错误，应当就该低级错误对相关责任人进行罚款。

（15）业主或咨询公司不规范、不专业的行为带来的风险。

对于工程设计中的原则性问题，不可以为了维持与业主方的客户关系而做出让步。主要采用转移风险策略，以应对该类风险，具体措施：如果采纳了不规范、不专业的意见对于整体的项目目标有负面作用，则应尽力拒绝业主的要求，并从专业性和规范的角度给出解释；倘若对方坚持自己的意见，则设计方应当就该情况形成书面文件，并出具书面法律文书，说明采纳该意见造成的项目不达标与事故由业主一方全部承担。

（16）突发事件带来的风险。

对于突发事件的风险应对，主要采用接受风险策略，具体措施如下：

1）项目成本预算中提出突发事件风险准备金。

2）制定突发事件风险应急预案。

讨论题：

1. 国际 EPC 水泥项目有哪些特点？

2. 俄罗斯 SL 项目设计存在的风险中，主要采取了哪些风险应对策略？

3. 试比较俄罗斯 SL 项目设计与其他项目风险规划的相似和不同之处。

8.5　本章小结

项目风险应对是在项目风险识别和项目风险分析的基础上，采取有针对性的风险应对策略，以达到预防和减少风险带来的损失以及提高项目风险可能带来的收益的目的，最大程度地满足项目目标。

项目风险应对过程主要包含两个部分：一部分是风险管理应对计划的制定阶

段；另一部分是将计划中的风险应对策略付诸实施阶段。项目风险应对过程具体为：确定项目风险应对目标的内容和要求，选择和制定项目风险应对措施及其集成方案，制定和完善项目风险应对计划书，编制项目风险实施的工作报告，修订或调整项目风险应对计划。

项目风险管理计划是设计和规划如何进行项目风险管理的过程，该过程包括定义项目组织及成员风险管理的行动方案、确定风险判断的依据、选择适合的风险管理策略、用于对风险管理活动的计划和实践形式进行决策。

制定项目风险应对策略主要考虑四个方面的因素：可缓解性、可规避性、可转移性和可接受性，相对应的项目风险应对策略分别为减轻风险、规避风险、转移风险和接受风险。项目决策者要根据不同风险的发生概率和对项目总体目标的影响选择相应的应对策略，减轻风险和规避风险策略往往适用于具有较大影响的严重风险，转移风险和接受风险通常适用于影响较小的轻微风险。

思考题

1. 简述项目风险应对的含义。

2. 项目风险应对的两个基本组成部分是什么？为什么它们是最基本的？完整的项目风险应对过程是什么？

3. 什么是项目风险管理计划？制订项目风险管理计划有哪些原则？完整的项目风险管理计划有哪些内容？

4. 常用的项目风险应对策略有哪几种？分别适用于什么情况？

5. 简述财务性风险转移策略与非财务性风险转移策略的特点。

第9章　项目风险沟通与监控

本章导航

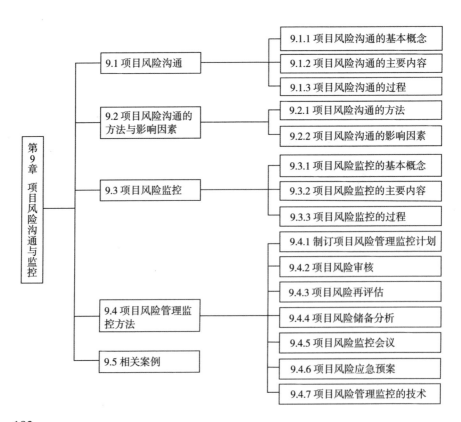

9.1 项目风险沟通

美国系统工程研究所（SEI）把风险管理的过程划分为如下环节：风险识别（Identify）、风险分析（Analyze）、风险计划（Plan）、风险跟踪（Track）、风险控制（Control）和风险沟通（Communicate）。其中，风险沟通能够把其他五个环节联系起来，其始末与风险管理整个过程同步，发挥着重要的作用。

在项目管理的过程中，项目风险沟通同样需要重视。项目的运作会伴随多种多样的风险因素，要实现科学高效地组织、协调和控制项目，使其按预定目标发展和完成，就必须进行信息共享和沟通，研究探明风险沟通影响因素的来源，构建良好的风险沟通渠道和模式。

9.1.1 项目风险沟通的基本概念

风险沟通研究的理论基础是传播学，还涉及心理学、社会学等学科。研究者对于风险沟通内涵的界定是随着风险沟通实践而不断发展的，想要把握风险沟通的确切含义，有必要了解风险沟通实践的发展情况。1931 年，美国管理协会首先倡导风险管理，从核心的理念和沟通的模式角度来看，美国的风险沟通发展可以划分为三个阶段，即 1983 年之前、1983~1989 年和 1989 年之后。

第一个阶段被称作"前风险沟通阶段"。在该阶段，沟通的中心为专家，其核心理念是"公众可以被忽视"。风险管理机构认为，风险的应对和策略的制定需要专业的知识作为基础，这样的知识是一般公众所不具备的，公众只需要接受专家知识和以专家知识为基础所制定的政策就可以了。因此，在这一实践阶段基本不存在专家和公众间的沟通，研究和应对风险的主体是专家和管理机构，专家的任务是获得数据，管理机构的任务是根据专家获得的数据制定政策。

第二个阶段中风险沟通理念被初步提出并进行了早期实践。风险管理机构发现，公众的风险认知与专家之间存在差异，而这种差异会导致公众抗拒以专家知识为基础的政策。因此，风险管理机构倡导进行风险沟通，通过沟通来使公众理解专家的知识，接受专家的意见和管理机构的政策。这一阶段的核心理念是"公众是非理性的"，所以除了提倡向公众解释专家知识外，沟通者还要重视一些说服性技巧的利用以使公众接受专家的意见。

第二个阶段较第一个阶段的进步可以概括为两点：一是强调了应对风险的过程还需要公众的参与，公众与专家间保持一致是具有重要意义的；二是注重了沟通过程中说服技术和相关技巧的应用。但是这一阶段的风险沟通是单向的，即只强调把专家观点传递给公众。这种单向传递存在一定的局限和不足，即专家和风险管理机构可能轻视甚至忽视公众对风险的感知、担忧和诉求，这种忽视会导致公众的不信任。而信任是公众愿意听取和理解专家意见的重要基础，一旦公众不信任专家，无论多么高超的说服技巧都极难改变公众的意愿和行为。由此，风险管理机构渐渐意识到，对公众不能采用只告知风险信息的行为，还需要了解公众的想法，倾听他们对风险的担忧和诉求，而达到这一目标必须与公众进行对话沟通。

第三个阶段是把公众作为合作伙伴的阶段。美国国家研究委员会给"风险沟通"下了一个新的定义："风险沟通是个人、群体和机构之间交换信息和看法的互动性过程；这一过程涉及多种多样的信息，既包括有关风险性质的信息，也包括表达关切、看法的信息，对风险信息或风险管理的立法和机构安排做出反应的信息。"这一定义强调了风险沟通过程是双向和交互的，沟通过程中不仅要把专家的评估结果传达给公众，也要把公众的风险感知以及他们对风险的担忧、对专家意见和政府政策的看法进行反馈。

无论风险沟通实践的发展阶段之间差异如何，所有的风险沟通最终都追求同一个目标，即通过各利益相关者之间的互动交流形成对风险的一致认识，建立起互信关系，以尽量避免风险的发生，或在风险发生时能将损失降到最小。

具体到项目管理而言，项目风险沟通包括具体风险信息在项目的不同层次及利益相关者之间的传递与交流，还包括风险从识别、分析、计划、跟踪、控制这一循环过程中的相关信息、知识、思想、情感等方面的沟通。项目团队应该主动通过适合的渠道进行相关风险信息的沟通和反馈，同时对相应的工作进行记录，形成工作文档，如事件记录、风险预报等。

9.1.2 项目风险沟通的主要内容

风险的不确定性决定了风险导致后果的不确定性，人们无法确定后果什么时候发生、会造成什么伤害以及会对哪一方造成伤害或哪一方受到的伤害更严重。在风险面前人们是利益共同体，风险沟通的目的就是通过各方的互动和信息的交换以理解风险并采取措施来降低风险带来的共同伤害，因此在风险沟通过程中强调多方参与和平等对话。

此外，风险沟通也强调持续性。风险的不确定性导致沟通也是不确定的，风险后果的产生时间和危害程度存在不确定性，各主体对风险的认知不尽相同导致其也存在局限性和不确定性。这决定了风险沟通需要贯穿全程，即人们在意识到风险存在后要展开持续的沟通。

项目风险沟通的特征和关注点与风险沟通基本一致，但项目管理的特点也使其存在独特之处。

在项目的组织和实施过程中，涉及的项目利益相关者数量较多，利益相关者之间的关系相对复杂，面临的不确定风险存在于项目管理的全过程。其所涉及的风险沟通内容可分为如下几个方面：

9.1.2.1 项目利益相关者的想法及行为

项目利益相关者指所有影响组织目标的实现和被组织目标实现所影响的团体或个人，具体表现为：那些人的利益受到项目的影响或他们的行为严重地影响着项目；那些拥有各种信息、资源和技术能严重地影响项目的人；那些控制相关项目执行的人。项目利益相关者受组织影响的同时也能反过来影响组织，因此，他们的意见必须要作为项目组织进行决策所需要考虑的因素。

获得广泛认可的风险公式"Risk = Hazard + Outrage"指出，风险不仅指对人或物可能造成伤害的行为或现象，还应包括公众对危险的情感反应。项目利益相关者在项目的组织实施中，其情感、想法和行为会对项目的决策造成影响从而成为不确定风险的来源。此外，不同利益相关者的风险认知也不尽相同，这就导致了他们对待风险沟通的行为倾向不同。如果项目利益相关者接收到的信息是全面的，对风险认知行为的态度是理性的，则其对风险沟通会持正向态度，采取积极行为。反之，若项目利益相关者只接收了部分信息或不能客观理性地认知风险，则会有抵触思想和行为。

风险认知水平的高低对风险沟通行为存在直接的影响，Covello 等总结得出了14 种影响项目利益相关者的风险认知因素，如表9-1 所示。

表9-1 影响项目利益相关者的风险认知因素

影响项目利益相关者的风险认知因素	
自愿性	当个体将风险事件知觉为被迫接受，要比他们将风险事件知觉为自愿接受时，认为风险更大

影响项目利益相关者的风险认知因素	
可控性	当个体将风险事件知觉为受外界控制，要比他们将风险事件知觉为受自己控制时，认为风险更难以接受
熟悉性	当个体不熟悉风险事件，要比他们熟悉风险事件时，其风险更难以接受
公正性	当个体将风险事件知觉为不公平，要比他们将风险事件知觉为公平时，其风险更难以接受
利益	当个体将风险事件知觉为存在着不清晰的利益，要比他们将风险事件知觉为具有明显益处时，其风险更难以接受
易理解性	当个体难以理解风险事件，要比他们容易理解风险事件时，其风险更难以接受
不确定性	当个体认为风险事件难以确定，要比科学已经可以解释该风险事件时，其风险更难以接受
恐惧	那些可以引发害怕、恐惧或焦虑等情绪的风险，要比那些不能引发上述情绪体验的风险更难以接受
对项目团队的信任	那些与缺乏信任度的机构或组织有关的风险，要比那些与可信的机构或组织有关的风险更难以接受
可逆性	当个体认为风险事件有着不可逆转的灾难性后果，要比认为风险事件的灾难性后果是可以缓解时，其风险更难以接受
个人利害关系	当个体认为风险事件与自己有着直接关系，要比认为风险事件对自己不具直接威胁时，其风险更难以接受
伦理道德	当个体认为风险事件为日常伦理道德所不容，要比认为风险事件与伦理道德没有冲突时，其风险更难以接受
自然或人为风险	当个体认为风险事件是人为导致，要比认为风险事件是天灾时，其风险更难以接受
潜在的伤害程度	那些在空间和时间上能够带来死亡、伤害和疾病的风险事件，要比那些只能带来随机和分散效应的风险事件更加令人难以接受

对项目利益相关者的想法及行为进行持续的追踪观察和及时的沟通，了解各利益相关者的风险感知有利于各利益相关者了解项目进展和各方态度，找出可能存在的风险，消除认知差异，化解争议和冲突，从而进行下一步的项目管理决策。

9.1.2.2　项目的进展情况

在风险沟通的过程中，强调风险的不确定性，即无法预测风险的产生时间和危害程度，因此，对项目的进展情况进行及时的汇报和沟通是有必要的。

掌握项目的进展与计划是否符合，导致进度与计划不符的原因是什么，有哪些计划之外的情况发生等相关信息，有助于分析风险出现的可能性，及时制定相应的对策。

9.1.2.3　项目外部环境的相关信息

项目风险的导致因素不仅来自项目内部，也来自项目外部环境的变化。对与项目相关的政治环境、经济环境、技术环境、自然环境等外部变化进行持续的追踪观察，与项目各利益相关者进行实时的沟通与分析，有利于及时捕捉到可能出现的机遇或威胁。

9.1.3　项目风险沟通的过程

目前，风险沟通实践已经进入到了加强沟通双方的对话参与，考虑各方参与者能动性的阶段。在这一过程中，风险信息传播者和接受者有交流、有互动，传播者不仅要传递自己想要传递的信息，还要以接受者的需求为导向提供信息和进行反馈，这种对话是动态的。此外，风险是主观感受和客观存在的统一，是每个主体基于现实和想象所得出的产物，为了促使各方对风险的认知达成统一，多方参与、平等对话也就成为风险沟通的必然。

项目风险沟通在开展时可分为五个步骤：①识别沟通对象应知信息。②了解沟通对象已知信息。③分析沟通对象的信息需求。④设计沟通内容。⑤组织实施沟通。其中，前三个步骤可整合为识别沟通需求，是沟通中最为重要的方面。

9.1.3.1　识别沟通需求

风险的存在是客观的，但是人们对风险的判断带有主观色彩，这种主观判断被称为人们的风险认知。在进行项目风险沟通时，既要对客观的风险状况展开评估，也要了解各利益相关者对风险的主观判断。客观的风险评估和主观的风险判断之间通常存在差异。例如：专家认为居住在核电站周边的风险很小，公众却闻核色变；专家认为居住在洪泛区的风险很高，公众却置若罔闻。

关于风险认知的研究有很多，这些研究试图探明为何公众和专家对风险的判断存在差异，是哪些因素影响了人们对风险的判断。现有研究结果证明，公众自身的特征和风险议题的特点都会对人们的风险判断产生影响。

关于风险议题特点的研究发现，未知和恐惧是影响人们风险认知水平的主要因素。此外，人们会低估熟悉的风险而高估不熟悉的风险、低估可控的风险而高估不可控的风险、低估自愿承担的风险而高估非自愿承担的风险、低估非灾难性的风险而高估灾难性的风险等。关于公众自身特征的研究发现，针对同一风险问题，女性感知到的风险水平高于男性，弱势群体感知到的风险水平高于其他群体，不同职业的群体感知到的风险水平也有差异。

关于风险认知的研究结果为项目风险沟通奠定了基础。对于给定的某一项目，需要追踪评估其可能出现的风险议题，分析议题本身及沟通受众的特点，进而有针对性地设计沟通策略。例如，针对弱势群体比其他群体感知到的风险水平更高的特点，可专门针对弱势群体设计相应的沟通策略；针对女性比男性感知到的风险水平更高的特点，可专门针对女性群体设计相应的沟通策略。开展关于风险认知的研究可以让项目风险沟通的开展有的放矢。

9.1.3.2 设计沟通内容

完成信息需求的识别之后，接下来需要考虑如何设计沟通内容。设计风险信息内容时需要关注三个方面：如何平衡内容的科学严谨性和通俗性，如何对公众不熟悉的风险进行沟通，如何表达风险的不确定性。

将科学信息用通俗易懂的语言表达出来时，往往会牺牲部分科学严谨性。沟通时需要考虑如何平衡信息的严谨性和通俗性，以使信息既足够通俗便于公众理解，又足够科学而不至于带来误导。且在进行风险沟通时，常需要就不常见的风险与公众展开沟通。已有研究和实践表明，把不熟悉的风险与熟悉的风险进行比较可帮助人们将风险具象化，从而便于理解。此外，风险沟通需要传达不同假定条件下风险导致结果的各种可能。由于在风险管理中常常需要对风险做预测，沟通时要传递的信息应包括三个方面：最坏可能情况下的估值、最乐观的估值以及最可能的估值。

沟通内容确定好后，需要考虑以何种形式呈现该内容，不同的呈现形式带来的沟通效果可能不尽相同。例如，对于同一内容，通过文字、表格或图片进行表达可能带来不同的沟通效果；不同年龄、受教育程度或职业的受众对沟通内容的理解力也会不同。因此，沟通形式的设计需要有针对性。

9.1.3.3 组织实施沟通

组织实施沟通需要考虑沟通方式和渠道的选择以及沟通者的选择。

沟通目的决定了沟通方式的选择。若沟通目的是达成一致，那么协商比单向传递信息更有效；若沟通目的是进行安全教育，那么参与式互动比单向传递信息更有效；若沟通目的是引导公众的风险应对行为，那么单向传递信息可以传达至更广的范围。具体到项目风险沟通，其最终目标是通过各利益相关者之间的互动交流形成对风险的一致认识，建立起互信关系，以尽量避免风险的发生，或者在风险发生时能够将损失降至最小。因此，项目风险沟通通常采用双向交流。沟通渠道有多种选择，如面对面沟通、报纸、电话、社交媒体等。在确定沟通渠道时，需要考虑群体之间的差异，必要时可利用多渠道进行沟通。

风险沟通工作是复杂的，即使在识别信息需求、设计信息内容和选择沟通渠道方面都有充足的思考分析，沟通目的也不能确保实现。很多其他方面的因素也可能会影响沟通效果，其中一个重要因素是对沟通者的信任。因此，由谁来沟通也十分重要。在公共风险管理和应急管理中，风险沟通的主导是政府部门，沟通者是政府工作人员，当专家作为政府特别工作组的成员时，沟通者也可能是专家。在项目风险管理中，若该项目中有专家参与，是否因其余各项目利益相关者会更加信任专家而选择专家作为沟通主导者；若无专家参与，派遣哪类利益相关者担任沟通主导者能够建立起互信关系是需要审慎思考的。

9.2　项目风险沟通的方法与影响因素

风险沟通的方法有很多，每种方法都是从不同的角度来审视风险沟通的，正如不同的受众对同一个风险也会持有差异化的观点一样。风险沟通者对受众的观点掌握得越全面，就越能选择出符合实际情况和受众需求的方法，从而更有利于风险沟通的成功。

为了更好地理解风险沟通的方法及其适用的情景，需要了解风险沟通的不同类型。风险沟通按照不同标准有不同的分类方法，而项目风险沟通是风险沟通的一个子集，本书采用 Regina Lundgren 和 Andrea McMakin 提出的分类方法，即以按功能划分风险沟通类型的方法把项目风险沟通分为三类：保护沟通、共识沟通及危机沟通。

保护沟通针对的是那些危害后果及应对方法已被科学确定，同时也为大多数受众所了解与接受的风险。例如，某一工业项目中，面向工人的保护沟通的内容是工作场所可能存在的安全隐患与健康风险。

共识沟通致力于告知和鼓励各项目利益相关者通过合作对风险的管理达成共识。如某一垃圾填埋场在建设项目实施的过程中，附近居民作为利益相关者会参与这一项目从而引起风险发生的可能。因此，施工方需要与各利益相关者一起沟通协商。

危机沟通面对的则是极端、突发的危险情况，如某一楼房建造项目中突然倒塌的安全事故。此类沟通的目的是指引公众对危机事件进行理性认知和行动以避免公众因恐惧、慌乱和非理性行动引发次生灾害。因此，危机沟通不仅要在事件发生过程中进行，还应该持续到事件结束之后。对在制定应急预案阶段进行的风险沟通是属于保护沟通还是共识沟通的判断，则主要取决于其中各利益相关者参与程度的高低。

9.2.1　项目风险沟通的方法

在风险沟通中，每种方法都从某一特定视角对其进行阐释，视角的宽窄决定了该方法适用的情景范围和受众范围，以下对五种常见的风险沟通方法展开介绍。

9.2.1.1　心智模型法

心智模型的建立基础是认知心理学和人工智能研究，其关注人们如何理解和看待不同的现象。在使用心智模型法时，风险沟通者需要首先确定沟通工作针对的受众群体，然后再通过广泛的访谈明确受众如何看待风险问题。要想真正与受众沟通，就必须充分了解受众对风险的既有认知，忽视核心受众的关切或是不能对其既有认知做出解释的风险沟通信息都注定是无效的。因此，不论哪种形式的风险沟通都必须纳入一定程度的受众分析。

在保护沟通中，由于受众涉及的范围通常较广，风险沟通者需要了解各类细分受众群体在生活方式上的特殊性，并据此有针对性地设计风险信息。在共识沟通中，风险沟通者需要首先知悉受众的关切和既有认知，才可能有与其达成一致的解决方案。例如，不同年龄段的居民如何看待环境问题以及这些看法如何影响他们对于垃圾处理场建设的态度。在危机沟通中，风险沟通者同样需要对受众群体有一定的了解，才能使受众信任沟通者愿意在危机中接受其信息和建议，进而找出缓解危机的方法。

9.2.1.2　融合传播方法

风险沟通是一个反复、长期的过程，风险沟通组织及受众的价值观念都会对这个过程产生作用。当组织发布信息之后，受众会在自身理解范围内处理这些信息并给出反馈，组织再对上述反馈加以处理，并通过发布补充信息或修正信息进行回应。通过这种持续循环的信息交换，双方的观点将慢慢地趋同。这给风险沟通者带来的启示是必须要让受众参与到风险沟通的过程中，这一过程须是双向对话。持续的反馈和解释说明对开展有效的风险沟通十分重要。

此方法既适用于保护沟通和危机沟通，又尤其适用于共识沟通。在保护沟通中，对话的对象可能是部分受众；在危机沟通中，对话的对象可能是参与制定应急预案的项目成员；而在共识沟通中，对话的对象就是项目实施全过程中需要建立起共识的所有利益相关者。

9.2.1.3　危害加愤怒模式

著名的风险沟通专家 Peter Sandman 认为风险应被视为"Risk + Outrage"，即"危害+愤怒"。受众对于风险的看法不仅取决于风险的实际危害，还会受到他们对于风险所产生的负面情绪的影响。

这为三类风险沟通者带来的共同启示是，仅介绍客观事实可能无法满足多数受众的信息需求。事实上，受众可能根本不会去认真听这些客观事实，除非这些信息涉及他们的关切与感受。因此，风险沟通者不能忽视风险带来的愤怒感而只关注其危害，而是要理解受众的感受，并确保将应对和引导这些感受的信息包含在风险信息之中。

9.2.1.4　心理噪声法

心理噪声法认为，当公众感知到自己身处风险之中时，他们接受和处理信息的能力会大打折扣。据研究估计，在这种情况下，人们处理和记忆信息的能力会比平常下降80%，这一变化在突发危机中表现得更为显著。

因此，在项目实施过程中，风险沟通者必须细致地组织和呈现风险信息，在突发危机情境中尤其如此。具体的做法有关键信息不应超过三条且应多次重复、用口头和书面的沟通方式且辅之以视觉化信息、避免晦涩难懂的行话术语等。

9.2.1.5　社会信任方法

社会信任方法源于社会科学研究，其认为一个人对特定组织的信任建立在理解该组织的目标、动机以及符合其价值观的行为基础上。当人们发现自己面临风险时，只会从其信赖的信息源处获得信息并加以理解和付诸实践。

这对风险沟通者的启示是，如果没有信任作为基础，无论是多么完美地组织和呈现风险信息都无法有效地进行风险沟通。对项目组织的信任和信心在各利益相关者感知风险威胁、配合和反馈风险管理的过程中越来越重要。

不同的项目风险沟通方法或许不能适用于所有的目的、情境和受众，但它们从不同视角为风险沟通的有效开展提供了思路。

9.2.2 项目风险沟通的影响因素

项目开展实施中存在的各种风险会对项目的顺利进行带来非常重要的影响，为保障项目风险沟通的有效实施，有必要分析项目风险沟通的影响因素，并有针对性地运用合适的项目风险沟通方法。

风险沟通作为参与个体的一种理性行为，不仅受外界客观环境等条件的影响，还受参与个体的主观因素影响。由理性行动理论发展而来的计划行为理论（Theory of Planned Behavior，TPB）从三个阶段来分析行为的形成过程：个人的行为意向决定其行为；行为的倾向态度、行为的主观规范、行为控制认知三者共同或其中部分影响行为意向；人口变量、人格特质、对事物的信念和倾向态度、工作特性、情境等外部变量决定行为的倾向态度、主观规范及行为控制认知。基于此，可从个人内在因素和个人外在因素划分利益相关者沟通行为的影响因素。

9.2.2.1 个人内在因素

TPB 认为，预测个人行为的最佳变量是其行为意向，个人对某一行为的意向与从事该行为之间呈强相关。利益相关者是否会进行风险沟通与其风险沟通意向强相关，风险沟通意向指项目成员想进行项目风险沟通的主观概率。影响该主观意愿的个人内在因素包括如下几个方面：

（1）风险沟通行为的态度倾向。

项目利益相关者进行风险沟通的态度倾向是指其对风险沟通行为所持有的正向或负向评价。人们对行为所导致后果的好恶决定了其行为的态度倾向。若项目利益相关者认为交流风险信息是对时间的浪费且可能造成沟通方反感的话，则其对风险沟通的态度是消极的；若项目成员认为共享风险信息有利于项目的顺利进行，则说明其对风险沟通的态度是积极的。

（2）风险沟通的主观规范。

个人进行风险交流时所感受到的来自组织或其他重要关系人的压力被称作风险沟通的主观规范。社会环境压力对个人行为的影响有时甚至会大于个人态度的影响。某一项目成员进行风险沟通可能是源于上级和同事的压力、团队文化或组织制度的约束，而非出于其自身对风险的态度。

（3）风险认知。

项目利益相关者通常依靠直觉对项目风险事件进行认知和判断，这种依靠直觉的认识和判断被称为风险认知。当风险事件发生时，有三个方面的因素会参与风险信号与风险认知间的过程进而影响风险认知的形成：风险事件本身的特性；项目利益相关者的个人特征；两者的交互过程所产生的作用。项目利益相关者的风险认知会影响其对于风险沟通行为的态度倾向，从而影响其风险沟通行为。

9.2.2.2　个人外在因素

影响风险沟通效果的个人外在因素可分为两个方面：一是硬件层面，即利用工具、渠道和技术来促进成员间风险信息和相关知识的共享；二是软件层面，即从制度、人的心理等方面促进成员间进行风险沟通。个人外在因素具体包括：

（1）期望报酬与期望人际关系。

期望报酬是指利益相关者认为进行风险沟通会带来的物质收益，如奖金、工资、晋升等。期望人际关系是指利益相关者认为进行风险沟通行为有助于与其他利益相关者之间建立良好的关系，赢得他们的尊重和信任，满足自己的归属需求。

（2）工作关联性。

项目具有明确目标，需要各成员共同努力，相互协作才能完成。通常来说，一个任务拥有多个紧前工作，只有紧前工作都顺利进行，该任务才可以开始。考虑到自身工作的进行，个人是有共享风险信息的动力的。某项目各工作间关联性越大，利益相关者相互进行沟通的机会就越多，分享风险信息的可能性也越大；工作关联性小，利益相关者没有共享信息的动力，可能会"事不关己，高高挂起"。

（3）信任。

信任是影响项目利益相关者行为的重要因素。当利益相关者相互信任、认可对方的可靠性、关心和重视对方、确信自己也被对方信任时，其更乐于分享关于项目风险的知识。这种信任建立在彼此相互协作的经历或者对彼此的知识和经验有充足了解的基础上。

（4）沟通渠道与沟通工具。

沟通渠道与沟通工具的畅通和可得性对于风险沟通的影响也是显著的。如沟通人数增加时，不同个体采用不同的沟通渠道或沟通工具可能会导致信息过滤和信息丢失。此外，沟通渠道与工具是否可供利益相关者便利地利用也会影响其沟通意愿，如当利益相关者认为进行沟通所经过的渠道和采用的工具是复杂的时，其可能会认为沟通是浪费时间的而不愿进行沟通。

为了项目风险沟通的顺利进行，一方面有必要建立起良好的沟通氛围、构建畅通的沟通渠道，采取适当的奖惩手段来保证和促进信息的分享行为；另一方面要正确认识利益相关者理性对风险沟通的影响并加强教育疏导，制定相应措施以激发人们的沟通意愿和沟通行为。

项目风险沟通贯穿于项目开展的整个过程，但对具体什么时间、以何种方式、沟通什么内容等方面的把控，需要对项目进行风险监控。

9.3　项目风险监控

完成了项目正式实施前的一系列项目风险管理规划、项目风险分析、项目影响评价等过程后，项目进入到了具体的实施阶段。此时，为保证初始项目规划的落实，应对项目实施过程中可能出现的意外变化和随着信息量增加而产生的项目风险的再评估活动，项目风险的监控变得尤为重要。

在项目实施的过程中，监控工作的顺利展开是建立在掌握更多实际信息基础上的。换句话说，此阶段的工作重心应当为利用日益复杂化的项目信息，持续进行项目风险的动态变化情况的识别和计量工作，具体为利用已经识别的项目风险并快速捕捉新出现的其他项目风险，综合评估计量，主动更新和落实项目风险应对方法，以便在项目风险的监控过程中有效控制项目风险，保证项目收益达到预期效果的目标。

9.3.1　项目风险监控的基本概念

为了真正明确项目风险监控的准确内涵，将区别项目风险监控、项目风险监视和项目风险控制三个相似概念。

9.3.1.1　项目风险监控

本书认为，项目风险监控是项目管理者通过事前计划和事间改进对项目各环节的风险进行监测和控制的过程。具体而言，风险监控是通过对项目风险规划、识别、估计、评价、应对全过程的监视和控制，从而保证项目风险管理能达到预期的目标，它是项目实施过程中的一项重要工作。

9.3.1.2　项目风险监视

项目风险监视是指谨慎地关注项目的实施过程并运用定性观察和定量测算等方法辅以计算机技术对项目的实施过程进行监视和检测。项目风险监视的首要任务是获取项目实施过程中的各种信息，这是因为随着项目的推进时间越来越长，逐渐增加的信息和资料能够减少项目不确定性，为项目风险进一步减小和项目顺利实施提供有力帮助。

项目风险监视不仅关注项目实施的效果及内外部因素变化产生的影响，同时也关注项目风险管理规划的落地。具体而言，项目风险监视要求在发现已有的项目风险管理规划有误时，能够及时转变认识并采取积极行动进行纠偏，而在规划没有明确失误只是实施效果不好时，不宜大幅度改变计划，以防带来更大的不确定性和后果。

9.3.1.3　项目风险控制

为减小风险事故发生概率及其影响的风险处置技术称为项目风险控制技术，项目风险控制技术的实施以及与项目风险监测的协同实施都能够提升项目管理组织的抗风险能力。

在项目的实施过程中，有效的项目风险控制有助于尽可能减少风险事故的发生。根据风险因素的特性，项目风险控制管理者可以采取一定措施。例如：减少已存在的风险因素；防止已存在的风险因素释放能量；改善风险因素的空间分布，从而限制其释放能量的速度；在时间和空间上把风险因素与可能遭受损害的人、财、物隔离；借助人为设置的物质障碍将风险因素与人、财、物隔离；改变风险因素的基本性质；加强风险部门的防护能力；做好救护受损人、财、物的准备；等等。这些措施有的可用先进的材料和技术达到。此外，还应制定严格的操作规程以控制因疏忽而造成不必要的损失。

9.3.2　项目风险监控的主要内容

项目风险监控的主要内容包括项目风险监控计划的拟定、确保风险监控监督计划的实施、持续追踪监测潜在项目风险、应对项目实施过程中的变化、完善项目风险监控内容。

9.3.2.1　项目风险监控计划的拟定

计划往往是各类管理活动的第一项活动。在项目风险监控活动中，风险监控计划的拟定既是首要内容，也是重要一环，具体可分为四个主要部分：第一部分是确定项目风险监控的具体工作范围和详细活动范畴；第二部分是确定和测量项目风险监控工作需要的各种资金、人力、物质、社会资源等保障；第三部分是确定和安排如何使用并组织项目风险监控工作所需要的各种资金、人力、物质、社会资源等保障；第四部分是明确在项目实施过程中可能会发生的各种变更管理办法或应急处理方案。

9.3.2.2　确保风险监控监督计划的实施

拟定风险监控计划仅是项目风险监控的第一步，想要保障项目风险监控的有效性，确保风险监控监督计划的实施往往是非常关键的一环，它的主要依据是事前拟定的项目风险监控监督计划。风险监控监督计划的实施具体可分为三个主要部分：第一部分是对项目发展过程中所收集到的信息做出相应反应，即利用持续监视项目所获得的各种信息和原先拟定的项目风险监控监督计划进行对照，来决定应当适用哪种预先计划；第二部分是以风险监控计划中描述的具体情况为准，与现实中项目实践过程中所发生的情形进行对比来决定应当选用哪种预先计划；第三部分是站在战略的角度，宏观整体地综合考虑应当选用哪种预先计划。

9.3.2.3　持续追踪监测潜在项目风险

项目本身具有不可预知的自然属性，这是因为一个项目在实施过程中总会受到各种内外部不可控因素的影响，这些不可控因素的发生和变化需要项目风险管理者持续监测并追踪潜在的项目风险。

持续追踪监测潜在项目风险的具体内容可以分为四个部分：第一部分是在项目风险的不同发展阶段，根据征兆和信息对其进行定量和定性的各种监视；第二部分是重新根据项目本身、项目内外部因素和项目风险的变化展开新的测量监控行为；第三部分是对项目的行为主体即项目所涉及的人员进行全方位的监督；第四部分是利用计算机技术对潜在项目风险进行详细忠实的记录和统计分析，并使用项目风险监控方法对其进行剖析。

9.3.2.4　应对项目实施过程中的变化

在项目实施过程中，变化是一定的，但是变化对于预先设定的项目计划和项目风险监控计划实施的影响性大小却有着很大差别。对于影响较小的变化或是变化对项目风险监控计划本身的实施影响不大，可以沿用事先准备好的项目风险监控计划文件，但要尽可能让项目风险监控所对应的相关工作处于受控制状态之中，这需要项目风险管理者具备敏锐的观察能力和及时的纠偏能力。然而，在项目实施过程中也可能会出现由于各种不可抗力所产生的危害性极大的变化。当遇到这种变化时，项目风险管理者首先希望能够通过采取计划中的保证措施，以将项目从失控中纠正出来。在这种情况下，简单的应对可能会使项目的实施陷入僵化的窘境。因此当变化无法被纠正时，项目风险管理者需要重新根据实践需要拟定新的项目风险监控计划，甚至是项目计划书，并且落实新的项目管理举措。

9.3.2.5　完善项目风险监控内容

正如所有不断变化发展的事物一样，项目风险并不是一成不变的，随着项目的发展，各种信息量逐渐增长，各种未预料的变化随时发生，这就需要项目风险管理者能够始终保持完善项目风险监控内容的意识。对于常规型的简单信息内容增长，项目风险管理者可以使用显示项目进展情况和项目风险侦测情况的工作成果和多种项目报告。常用于监控项目风险的参照内容有项目事件记录、行动规划和日程、风险预报等。此外，随着项目的进展，在对项目进行评估和报告时，可能会发生意料之外的变化，这就需要项目风险管理者根据具体情况来完善和发展项目监控内容。

9.3.3　项目风险监控的过程

项目风险监控的过程分项目风险监控过程的监控目标、过程定义、监控过程活动、监控过程四个步骤。

9.3.3.1　项目风险监控过程的监控目标

当项目风险监控过程满足下列目标时，就说明它是充分的：

（1）监控风险设想的事件和实际情况。

（2）及时跟踪控制风险指标。

（3）使用有效的项目风险技术和工具。

（4）定期报告项目风险状态。

（5）保持项目风险的可视化。

9.3.3.2　项目风险监控过程的定义

风险监控过程封装了将输入转变为输出的过程活动。控制（位于顶部）调节过程，输入（位于左侧）进入过程，输出（位于右侧）退出过程，机制（位于底部）支持过程，如图9-1所示。

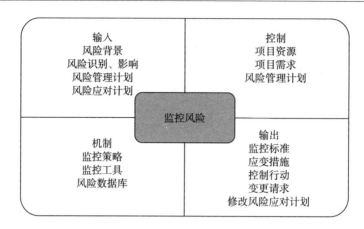

图 9-1　风险监控过程

（1）过程控制。和控制风险规划过程一样，项目资源、项目需求和风险管理计划同样约束和影响着风险监控过程。

（2）过程输入。风险背景，风险识别、影响，风险管理计划，风险应对计划是风险监控过程的主要输入。

（3）过程输出。风险监控标准、应变措施、控制行动、变更请求、修改风险应对计划是风险监控过程的输出。

（4）过程机制。过程机制主要是方法、技巧、工具或为过程活动提供的其他手段。风险监控策略、监控工具和风险数据库都是风险监控过程的机制。使用风险监控工具能够使监控过程自动化和高效化。

9.3.3.3　项目风险监控过程的活动

项目风险监控过程的活动主要包括监视项目风险的状况，如风险是已经发生、仍然存在还是已经消失；检查风险应对策略是否有效，监控机制是否在正常运行。同时需要不断识别新的风险，及时发出风险预警信号并制定必要的对策措施。其主要内容包括：

（1）监控风险设想。

（2）跟踪风险管理计划的实施。

（3）跟踪风险应对计划的实施。

（4）制定风险监控标准。

（5）采用有效的风险监视和控制方法、工具。

（6）报告风险状态。

（7）发出风险预警信号。

（8）提出风险处置新建议。

9.3.3.4　项目风险监控过程的步骤

项目风险监控过程的步骤如下：

（1）建立项目风险监控体制。主要包括项目风险责任制、项目风险信息报告制、项目风险监控决策制、项目风险监控沟通程序等。

（2）确定要监控的项目风险事件。

（3）确定项目风险监控责任。所有需要监控的项目风险都必须落实到人，同时明确岗位职责，对于项目风险控制应实行专人负责。

（4）确定项目风险监控的行动时间。指对项目风险的监控要制定相应的时间计划和安排，计划和规定出解决项目风险问题的时间表与时间限制。

（5）制定具体项目风险监控方案。根据项目风险的特性和时间计划制定出各具体项目风险控制方案，找出能够控制项目风险的各种备选方案，然后要对方案做出必要的可行性分析，以验证各项目风险控制备选方案的效果，最终选定要采用的风险控制方案或备用方案。

（6）实施具体项目风险监控方案。按照选定的具体项目风险控制方案开展项目风险控制的活动。

（7）跟踪具体项目风险的控制结果。收集风险事件控制工作的信息并给出反馈，即利用跟踪去确认所采取的项目风险控制活动是否有效、项目风险的发展是否有新的变化等，以便不断提供反馈信息，从而指导项目风险控制方案的具体实施。

（8）判断项目风险是否已经解除。若认定某个项目风险已经解除，即该项目风险的控制作业已完成，若判断该项目风险仍未解除，就要重新进行项目风险识别，重新开展下一步的项目风险监控作业。

9.4　项目风险管理监控方法

由于项目风险具有复杂性、变动性、突发性、超前性等特点，风险监控应该围绕项目风险的基本问题，制定科学的风险监控标准，采用系统的管理方法，建立有效的风险预警系统，做好应急计划，实施高效的项目风险监控。风险监控管理的方法和技术可分为两大类：一类用于监控与项目、产品有关的风险；另一类用于监控与过程有关的风险。管理者可以根据自身所需选取。

9.4.1 制订项目风险管理监控计划

9.4.1.1 项目风险管理监控计划的依据

项目风险管理监控的第一步是明确项目风险管理监控的依据。项目风险监控管理的依据主要分为事前的项目风险监控计划、事中发现的新消息以及突发变化，具体内容包括：

（1）项目风险监控计划书。在项目风险监控计划书中列举项目实施过程中可能产生的风险。

（2）项目风险应对计划书。在项目风险监控计划书中列举对可能产生的风险能够实施的对策。

（3）项目过程中沟通。工作成果和多种项目报告可以表述项目进展和项目风险。一般用于监督和控制项目风险的文档有：事件记录、行动规程、风险预报等。

（4）附加的风险识别和分析。随着项目的进展，在对项目进行评估和报告时，可能会发现以前未曾识别的潜在风险事件。应对这些风险继续执行风险识别、估计、量化和制订应对计划。

（5）项目评审。风险评审者检测和记录风险应对计划的有效性以及风险主体的有效性，以防止、转移或缓和风险的发生。

9.4.1.2 项目风险管理监控计划的内容

项目风险管理监控计划的内容就是确定风险行动计划的过程。风险监控过程有助于控制项目过程或产品偏差。例如，风险管理过程可能需要控制行动来修改没有产生满意结果的途径。项目风险监控重要的是应根据监控得到的项目风险征兆，做出合理的判断，采取有效的行动，根据控制的 PDCA 循环过程，项目风险监控行动过程一般包括四个步骤：

（1）识别问题：找出过程或产品中的问题，产品可能是中间产品，如风险行动计划。

（2）评估问题：进行分析以便理解和评估记录在案的问题。

（3）计划行动：批准行动计划来解决问题。

（4）监视进展：跟踪进展直至问题得以解决，并将经验教训记录在案，供日后参考。

9.4.2　项目风险审核

审核检查法是一种相对传统的控制方法。该方法可以应用于项目的全过程，从项目建议书开始，直至项目结束。

项目建议书、项目产品或服务的技术规格要求、项目的招标文件、设计文件、实施计划、必要的试验等都需要审核。审核时要查出错误、疏漏、不准确、前后矛盾、不一致之处。审核还会发现以前或他人未注意或未考虑到的问题。审核多在项目进展到一定阶段时以会议的形式进行。审核会议要有明确的目标，问题要具体，要请多方面的人员参加，参加者不要审核自己负责的那部分工作。审核结束后，要把发现的问题及时交代给项目有关负责人，让他们及时采取行动予以解决，问题解决后要签字验收。检查是在项目实施过程中进行的，而不是在项目结束时进行。

检查是为了把各方面的反馈意见及时通知有关人员，一般以完成的工作成果为研究对象，包括项目的设计文件、实施计划、试验计划、试验结果、正在施工的工程、运到现场的材料、设备等。检查不像审核那样正规，一般在项目的设计和实施阶段进行。参加检查的人专业技术水平尽量一致或相近，这样便于平等地讨论问题。检查之前最好准备一张表，把要问的问题记在上面。在检查时，及时记录发现的问题。检查结束后，要把发现的问题及时向负责该工作的人员反馈，以便他们能及时采取行动予以解决。问题解决后要签字验收。

项目风险审核的具体内容包括以下两个方面：

（1）确定项目风险监控活动和有关结果是否符合项目风险管理计划和项目风险应对计划的安排。

（2）确定项目风险监控工作是否有效地实施，并得到了预定的、有系统的检查。

9.4.3　项目风险再评估

风险评估是指在风险事件发生之前或之后的未结束阶段，对该事件给人们的生活、生命、财产等各个方面造成的影响和损失的可能性进行量化评估的工作。

在项目风险管理计划和项目风险应对计划实施过程中，经常需要识别新风险，对现有风险进行再评估以及删去已过时的风险，即为风险再评估。项目风险再评估不仅要对项目风险管理的效果进行评估，更重要的是要从项目风险评估活动自身出发，研究风险评估的方法、程序、指标、过程的科学性，从而保证风险评估结果的科学性和客观性。项目风险再评估应定期进行，其反复进行的次数和详细程度应根据项目目标的项目进展情况而定。

项目风险再评估作为对项目风险控制最有效、最经济、最稳妥、最安全的管理方法逐渐被人们认同、接受，但是该方法目前尚未普及。

9.4.4　项目风险储备分析

风险储备也叫应急储备，是为未规划但可能发生的变更提供的保障，这些变更由风险登记册中所列的已知风险引起。应急储备是由项目经理自由使用估算成本来处理预期但不确定的事件，这些事件被称为"已知的未知事件"，是项目范围和成本基准的一部分。

在项目实施过程中，可能发生一些对预算或进度应急储备有一定积极或消极影响的风险。储备分析是指在项目的任何时点比较剩余应急储备与剩余风险量，从而确定剩余储备是否仍然合理。

9.4.5　项目风险监控会议

项目风险监控应该是定期状态审查会中的一项议程。该议程所占用的会议时间长短取决于已识别的风险及其优先级和应对难度。越经常开展风险管理，风险管理就会变得越容易：经常讨论风险，可以促使人们识别风险和机会。

9.4.6　项目风险应急预案

风险监控的价值体现在保持项目管理在预定的轨道上进行，不致发生大的偏差，造成难以弥补的重大损失，但风险的特殊性也使监控活动面临着严峻的挑战。环境的多变性、风险的复杂性，这些都对风险监控的有效性提出了更高的要求。为了保持项目有效果有效率地进行，必须对项目实施过程中各种已识别或潜在的风险进行系统管理，并对项目风险可能的各种意外情况进行有效管理。因此，制定应对各种风险的应急计划是项目风险监控的一个重要工作，也是实施项目风险监控的一个重要途径。

应急计划是为控制项目实施过程中有可能出现或发生的特定情况做好准备（见图9-2）。例如，一种外部风险的引入，项目预算削减20%。在应急计划包括风险的一般情况下，有效的应急计划往往把风险看作是由某种"触发器"引起的，即项目风险存在着某种因果关系。在项目管理中，仅仅接受风险而不重视风险原因只会鼓励做出反应，而不是预先行动，应急计划应对风险来源做出判断。

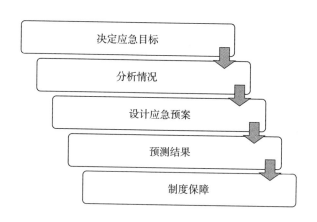

图9-2　应急计划流程

触发器在项目风险监控中是一个十分有用的概念，触发器可以提供三种基本的控制功能：一是激活，触发器提供再次访问风险行动计划（或对照计划取得的进展）的警铃；二是解除，触发器可用于发送信号，终止风险应对活动；三是挂起，触发器可用于暂停执行风险行动计划。

以下四种触发器用于提供不可接受风险级别的通知：

（1）定期事件触发器，提供活动时间通知。进度安排的项目事件（如每月管理报告、项目评审和技术设计评审）是定期事件触发器的基础。

（2）已逝时间触发器，提供日期通知。日程表（如距今一个月以后、本季度末、财政年度的开端）是过去时间触发器的基础，也可用具体日期作为以时间为基础的触发器。

（3）相对变化触发器，提供在可接受值范围外的通知。相对变化是预先确定的定量目标与实际值之间的差距。阈值被设为高于或低于定量目标的一个目标值，具体百分比的偏差，或高于或低于计划的定量目标，都将使触发器发出信号。

（4）阈值触发器，提供超过预先设定阈值的通知。状态指标和阈值的对比是阈值触发器的基础。当风险警报超出预警时，触发器发出报警信号。

9.4.7 项目风险管理监控的技术

9.4.7.1 偏差分析与趋势分析

在工程类项目实施的过程中，项目管理者往往使用偏差分析来管理项目经费和项目，它同样也可以被用于项目风险的监控管理。趋势分析则是指通过对有关指标各期相对基期的变化趋势分析，从中发现问题的一种分析方法。偏差分析侧重于对当前问题和指标进行分析，而趋势分析侧重对未来的分析。

9.4.7.2 直方图

直方图是发生频数与相对应数据点关系的一种图形表示，是频数分布的图形表示。直方图有助于形象化地描述项目风险。直方图的一个主要应用就是确认项目风险数据的概率分布；此外，直方图也可直观地观察和粗略估计出项目风险状态，可以为风险监控提供一定的参考。

9.4.7.3 控制图

控制图又称管理图，是一种动态偏差分析技术，常用于项目质量风险监控。

通过定期抽样，绘制项目质量管理实际情况分布数据，并与事先确定的控制界限值进行对比，发现偏差，分析风险因素，进而纠正偏差。

9.4.7.4 横道图

横道图比较法是通过观测、检查收集到项目进展中的信息，经整理后直接用不同颜色横道线（或粗实线）标于原计划横道线图上，进行进度偏差直观比较的方法。

横道图比较法应用步骤如下：第一，编制横道图进度计划。第二，在进度计划上标出检查日期。第三，将检查收集的实际进度数据标于计划进度线的下方。

9.4.7.5 因果分析图

因果分析图是表示特性与原因关系的一种图，它把对某项、某类项目风险特性具有影响的各种主要因素加以归类和分解，并在图上用箭头表示其间关系，因此又称为特性要因图、树枝图或鱼刺图等。因果分析图主要用于揭示影响及其原因之间的联系，以便追根溯源，确认项目风险的根本原因，便于项目风险监控。因果分析图的结构由特性、要因和枝干三部分组成（见图9-3）。特性是期望对其改善或进行控制的某些项目属性，如进度、费用等。要因是对特性施加影响的主要因素，要因一般是导致特性异常的几个主要来源。枝干是因果分析图中的联系环节：把全部要因同特性联系起来的是主干，把个别要因同主干联系起来的是大枝，把逐层细分的因素（细分到可以采取具体措施的程度为止）同各个要因联系起来的是中枝、小枝和细枝。因果分析图的基本原理是，如果一个项目发生了风险，除非及时采取应对措施，否则它将再次发生风险。通过学习并吸取过去的教训，起到防患于未然的作用。

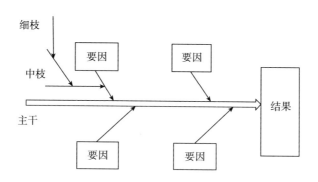

图 9-3　因果分析图的结构

因果分析图一般可由以下三阶段过程来完成：

（1）确定风险原因。

（2）确定防范项目风险的对策措施。

（3）实施管理行为。

9.4.7.6　帕累托图

帕累托图又称比例图分析法，由意大利经济学家帕累托提出来，用以分析社会财富的分布状况，并发现少数人占有大量财富的现象，所谓"关键的少数与次要的多数"这一关系。帕累托图主要用于确定处理问题的顺序，其科学基础是所谓的"80/20 法则"，即为 80% 的问题找出关键的影响因素。在项目风险监控中，帕累托图可用于着重解决对减少项目有重大影响的风险。如可用于确定进度延误、费用超支、性能降低等问题的关键性因素，而及时明确解决问题的途径和措施。帕累托图一般将影响因素分为三类：A 类包含大约 20% 的因素，但它导致了 75%~80% 的问题，称之为主要因素或关键因素；B 类包含了大约 20% 的因素，但它导致了 15%~20% 的问题，称之为次要因素；其余的因素为 C 类，称之为一

项目风险管理

般因素，这就是所谓的 ABC 分析法。帕累托图显示了风险的相对重要性，同时，由于帕累托图的可视化特性，使一些项目风险控制变得非常直观和易于理解，有利于确定关键性影响因素，有利于抓住主要矛盾，有利于重点地采取有针对性的应对措施。帕累托图的结构由两个纵坐标、一个横坐标、折线等组成；右纵坐标表示频率（用百分比表示）；横坐标表示影响质量的各种因素，按影响程度的大小从左到右依次排列；折线表示各因素大小的累计百分数，由左向右逐步上升，此线称为帕累托曲线。

帕累托图显示了每个项目风险类别的发生频率，便于了解最为频繁的风险和确定各项目风险后果，有助于项目监理决策人确定项目目标和主观判断，及时采取有效的对策措施。

9.4.7.7 挣值分析方法（费用偏差分析法）

挣值分析方法又称费用偏差分析法。这是一种测量项目预算实施情况的方法。该方法将实际上已完成的项目工作同计划的项目进行比较，确定项目在费用支出和时间进度方面是否符合原定计划的要求。该方法计算并收集三种基本数据，即计划工作的预算费用（BCWS）、已完工作实际费用（ACWP）和已完实际工作量。BCWS 是在项目费用估算阶段编制项目资金使用计划时确定的，它是项目进度时间的函数，是累积值，随着项目的进展而增加，在项目完成时达到最大值，即项目的总费用。若将此函数画在以时间为横坐标、以费用为纵坐标的图上，则函数曲线一般呈现 S 形，俗称 S 曲线。ACWP 是在项目进展过程中对已完工作实际测量的结果，也是进度时间的函数，是累积值，随着项目的进展而增加。ACWP 是费用，不是实际工作量。按照单位工作的预算价格计算出的已完实际工作量的费用，叫作已完工作预算费用（BCWP）。

差值 BCWP-ACWP 叫作费用偏差，若 BCWP-ACWP > 0，表示项目未超支。

差值 BCWP-BCWS 叫作进度偏差，若 BCWP-BCWS > 0，表示项目进度提前。

下面通过例子说明 BCWS、ACWP 和 BCWP 三者之间的区别。

例：某工程项目，要求总共挖土 10000 立方米，每立方米的预算价格是 45 元，计划每天完成 400 立方米，25 天内全部完成。假设业主单位管理人员在开工后第 7 天早晨刚上班时去测量，取得了两个数据：已经挖完 2000 立方米，ACWP = 120000 元，试进行费用偏差分析。

解：先按照土方的预算价格计算已经挖完的 2000 立方米土方的预算费用

·206·

BCWP = 45（元/立方米）×2000（立方米）= 90000（元）。

假设原计划标明，在开工后第 6 天完成时，业主单位按照土方的预算价格该付给土方承包商 BCWS=108000 元作为这前 6 天的工程价款。这样，业主管理人员发现了两个问题：

（1）土方承包商工作费用超支了，超支额是：BCWP-ACWP=90000（元）-120000（元）=-30000（元）。

（2）土方承包商工作进度落后了，工作进度是按照完成的实际工作量计算：BCWP-BCWS=90000（元）-108000（元）=-18000（元）。

按照原定计划每天应完成 400 立米，每立方米费用 45 元，这样，-18000 元的费用相当于-1 天的工作量，所以土方承包商工作进度落后了 1 天。

9.4.7.8　风险预警系统

预警操作系统的主要内容包括五方面内容：监测、识别、诊断、评价和对策。它是一个由众多因素构成的复杂系统，各要素之间存在着相互影响、相互依赖的关系。为了实现对风险的有效监控，预警系统必然包括复杂的子系统，它通常由五个子系统构成：①信息管理子系统。②评价子系统。③预测预警子系统。④决策子系统。⑤对策子系统。

9.4.7.9　监视单

监视单是项目实施过程中需要管理工作给予特别关注的关键区域清单。这是一种简单明了又很容易编制的文件，内容可浅可深，浅则可只列出已辨识出的风险；深则可列出诸如下述内容：风险顺序、风险在监视单中已停留的时间、风险处理活动、各项风险处理活动的计划完成日期和实际完成日期、对任何差别的解释等。

项目风险监视单的编制应根据风险评估的结果，一般应使监视单中的风险数目尽量少，重点列出那些对项目影响较大的风险。随着项目向前进展和定期的评估，需要增补某些相关内容。如果有较大数目的新风险且其影响重大，十分需要列入监视单，则说明初始风险评估不准，项目风险比最初预估的要大，也可能说明项目正处在失去控制的边缘。如果某项风险因风险处理无进展而长时间停留在监视单之中，则说明可能需要对该风险或其处理方法进行重新评估。监视单的内容应在各种正式和非正式的项目审查会议期间进行审查和评估。

9.4.7.10　项目风险报告

项目风险报告是用来向决策者和项目组织成员传达风险信息、通报风险状况和风险处理活动的效果。风险报告的形式有多种，时间仓促可作非正式口头报告，然而里程碑审查方法则需提出正式摘要报告。风险报告内容的详略程度按接受报告人的需要确定。成功的风险管理工作都要及时报告风险监控过程的结果。风险报告要求包括报告格式和频度一般应作为制订风险管理计划的内容统一考虑并纳入风险管理计划。编制和提交此类报告一般是项目管理的一项日常工作。为了看出技术、进度和费用方面有无影响项目目标实现和里程碑要求满足的障碍，可将这些报告纳入项目管理审查和技术里程碑进行审查。

9.5 相关案例

ERP 项目实施中的主要风险及应对措施[①]

企业资源计划（Enterprise Resource Planning，ERP）的项目管理是本着整体规划、分步实施的原则，对 ERP 项目所有方面进行计划组织、管理和监控，是为了达到项目实施后的预期成果和目标而采取的内部和外部持续性的工作程序。这是对时间、成本以及产品、服务细节的需求相互间可能发生矛盾进行平衡的基础原则。建立起一整套行之有效的项目风险管理机制，对提高 ERP 系统的实施成功率至关重要。

ERP 项目的风险因素很多，比如业务流程设计失败、企业全范围的数据集成失败、培训不足、项目实施阻力大，缺乏高层管理人员的支持等，这些现象的出现，从根本上说使项目管理过程无法可依，容易导致责任不清，遇到困难时就相互推诿。相反地，在项目管理控制程序下进行实施则能有效地控制项目风险。

1. ERP 项目的主要风险

（1）项目范围的风险。

项目采购管理通常有三种合同方式，即固定价或总价合同、成本报销（加奖

---

① 本案例改编自王吉林的《ERP 项目的风险控制与管理》。

励）合同、单价合同。通常不确定性越大、风险越大的项目，越趋向于采用靠后的合同方式。这也是国外及国内部分 ERP 供应商在实施服务中采用按人/天提供服务并收取费用的原因。但是采用这种方式，客户存在较大的风险，因此，国内很多客户倾向于以固定价格订立实施服务合同。而这种合同方式则对供应商存在较大风险。在此前提下，若项目范围定义不清晰，可能导致买卖双方对项目范围的认知产生分歧：卖方希望尽量缩小实施范围，以最小的成本结束项目；而买方希望将 ERP 系统的所有功能尽可能多地实施，以固定价格获得最大的效益。若双方的分歧较大，不能达成一致，则必然造成效率低下，相互扯皮。

因此，在 ERP 项目合同中，应对项目的实施范围做尽可能清晰的界定，切不可停留在"实施财务模块"或是"实施应收、应付、总账管理"之类的层面上。宁愿多花些时间在项目实施前的范围界定工作上，也不要在项目实施过程中面对 ERP 繁多的功能，实施方与用户争执不下，或被迫让步，投入更大的精力于项目中，而导致项目不能按时完成。

（2）项目进度的风险。

关于 ERP 项目实施的周期，目前在宣传上有强调"快速"的倾向。但 ERP 项目进度的控制绝非易事，不仅取决于公司的能力，同时也在很大程度上受到客户对 ERP 期望值是否合理、对范围控制是否有效、对项目投入是否足够等方面的影响。而在实际操作中，并非所有用户对 ERP 实施都有这种理解与认同，因此，一味地在项目进度计划时求快，甚至是刻意追求某个具有特殊意义的日期作为项目里程碑，将对项目的控制造成很大压力。

事实上，很多项目的失败，正是起因于项目进度出现拖延，而导致项目团队士气低落，效率低下。因此，ERP 项目实施的时间管理需要充分考虑各种潜在因素，适当留有余地；任务分解详细适中，便于考核；在执行过程中，应强调项目按进度执行的重要性，在考虑任何问题时，都要将保持进度作为先决条件；同时，合理利用赶工及快速跟进等方法，充分利用资源。

（3）项目人力资源的风险。

人力资源是 ERP 项目实施过程中最为关键的资源。保证合适的人以足够的精力参与到项目中来，是项目成功实施的基本保证。ERP 项目实施中存在各种角色，各种角色应具备相应的素质。要降低项目的人力资源风险，就要保证进入到项目中并承担角色的各类项目关系人满足项目要求。因此，实施双方应对参与人员进行认真的评估，这种评估应该是双方面的，不仅是用户对咨询顾问的评估，也应包括咨询公司对参与项目的用户方成员（在国内目前的环境下，主要是指关键用户）的评估。同时，应保证项目人员对项目的投入程度。应将参与 ERP 项目人员的业绩评估与 ERP 项目实施的状况相关联，明确 ERP 项目是在该阶段项目相关人员最重要的本职工作；制定适当的奖惩措施；在企业中建立"一把手工程"的思想，层层"一把手"，即各级负责人针对 ERP 实施向下行使全权、对上担负全责，将"一把手"从个体概念延伸到有机结合的群体概念。

（4）对 ERP 认识不正确的风险。

有的企业把 ERP 视为企业管理的灵丹妙药，认为既然 ERP"功能强大"，只要上了 ERP，企业的所有问题便迎刃而解，或者以为企业的所有流程都可以纳入到 ERP 中来；还有的人简单地将 ERP 视为当前业务流程的电子化。要防范或减轻这种风险，需要对用户进行大量的培训：ERP 的由来、ERP 的功能、实施 ERP 的目的与期望等。尽可能在用户产生"ERP 不能满足我的需求和期望"这种想法之前，让用户知道"现阶段对 ERP 合理的需求期望是什么"。

2. ERP 项目实施中的风险沟通

由于 ERP 项目实施面广、周期长、复杂度高、参与人员众多等特点，人员之间的沟通就显得特别重要。在 ERP 项目实施中不但有软件供应商、管理咨询商、项目监理方（是根据软件和服务购买合同，协调在企业 ERP 实施中出现的问题，保障 ERP 项目实施的顺利进行）、实施企业四者之间的沟通，还有企业内部各个部门间的沟通、部门内部人员的沟通等，是项目能够顺利进行下去的推动力。如果沟通不畅会给项目实施带来高风险。

在 ERP 项目实施中，要根据不同阶段、不同交流方，对影响风险沟通的因素采取针对性的沟通方案。如 ERP 立项决策阶段是 ERP 项目实施的初始阶段，利益相关者对于项目的理解认知可能尚未达成统一，会存在态度认知风险、关系不佳风险、情绪抵触风险、观念差异风险等；ERP 系统应用阶段并不证明项目已经成功实施，还要对项目进行持续的维护与优化，而利益相关者在评估实施绩效时可能会因为职位、沟通能力、沟通氛围等因素产生不同的沟通行为。

3. ERP 项目实施中的风险监控

采取以下措施对 ERP 项目实施中的风险进行监控，以防止危及项目成功的风险发生。

（1）建立并及时更新项目风险列表及风险排序。项目管理人员应随时关注与关键风险相关因素的变化情况，及时决定何时、采用何种风险应对措施。

（2）风险应对审计。随时关注风险应对措施（规避、减轻、转移）实施的效果，对残余风险进行评估。

（3）建立报告机制，及时将项目中存在的问题反映到项目经理或项目管理层。

（4）定期召集项目利益相关者召开项目会议，对风险状况进行评估，并通过各方面对项目实施的反映来发现新风险。

（5）更新相关数据库如风险识别检查表，以有利于今后类似项目的实施。

（6）引入第三方咨询，定期对项目进行质量检查，以防范大的风险。在ERP 实施过程中出现的问题是多样的，我们的风险管理体系目前远没有成熟，需要大家不断地努力，挖掘新的解决方案，完善项目管理中的风险管理体系。

讨论题：

1. 简要论述 ERP 项目的风险。

2. ERP 项目中的风险沟通的影响因素需要从哪两个方面分析？

3. 请比较 ERP 项目与其他项目的风险监控的相似和不同之处。

9.6　本章小结

项目风险沟通和监控是贯穿于项目风险管理全程的两项工作，强调持续性。其中项目风险沟通指风险信息在项目的不同层次及利益相关者之间的传递与交流，项目风险监控指项目管理者通过事前计划和事间改进对项目各环节的风险进行监测和控制。

项目风险沟通过程分为三个步骤：一是识别沟通需求；二是设计沟通需求；三是组织实施沟通。其中最重要的环节是识别沟通需求，即要准确把握哪些信息对于风险管理是必要的。沟通者需要从项目利益相关者的行为及想法、项目本身的进展情况和项目外部环境三个方面来甄别必要的沟通内容。

常用的项目风险沟通方法有心智模型法、融合传播法、危害加愤怒模式、心理噪声法和社会信任方法。不同的方法并不能适用于所有的目的、情境和受众，沟通者要在分析利益相关者内部和外部两类沟通影响因素的基础上因地制宜选取合适的方法。

项目风险监控的主要内容包括：项目风险监控计划的拟定、确保风险监控计划的实施、持续追踪检测潜在项目风险、应对项目实施过程中的变化、完善项目风险监控内容。

风险监控管理的方法和技术很多，其关键在于运用系统的项目管理方法、建立有效的风险预警机制、制订科学的应急计划等。风险监控的技术、工具及其运用方面，本章介绍了偏差分析与趋势分析、直方图、控制图、横道图、因果分析图、帕累托图、挣值分析方法、风险预警系统、监视单、项目风险报告十类。

有效的风险监控离不开在恰当的时候采取恰当的行动，应根据风险具体情景来选择适用的技术和工具，项目风险监控技术和工具取决于项目进展、风险类别、风险变化以及技术工具本身的适应性。

思考题

1. 简述项目风险沟通和项目风险监控的含义。

2. 项目风险沟通的主要内容分为哪三类？为什么要就项目利益相关者的想法及行为进行沟通？

3. 项目风险沟通的过程包括哪几步？有哪些因素会对项目风险沟通产生影响？

4. 简述项目风险监控的基本概念和主要内容。

5. 项目风险监控的过程包括哪些？项目风险管理监控有哪些方法？具体应当采取怎样的技术？这些技术之间有怎样的差异？

第 10 章　项目风险管理体系与标准

本章导航

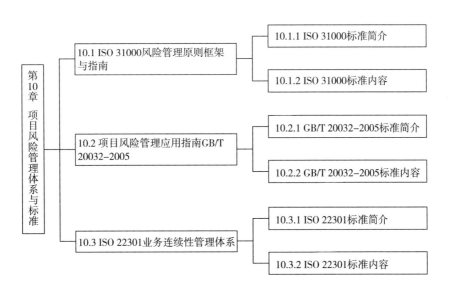

10. 1　ISO 31000 风险管理原则框架与指南

10. 1. 1　ISO 31000 标准简介

2018 年，国际标准化组织（ISO）发布《ISO 31000：2018 风险管理——原则与指南》（以下简称标准或《指南》），这是自 2009 年发布第一版风险管理指南文件后，国际标准化组织（ISO）进行的首次更新和升级。该标准自发布以来，获得了世界上多个国家的积极响应，该标准在风险管理领域具有普遍适用性，适用于各类型的企业、社会团体和组织的任何生命周期的活动，是管理企业各类风险的通用方法。

ISO 31000 新版本较之前的旧版本相比，其更新和升级之处主要体现在四个方面：①审查风险管理原则，这是该标准成功的关键标准，新版本由原来的 11 项精简成 8 项。②从组织治理入手，更加强调高级管理层的职责和风险管理的整合。③更加强化风险管理的迭代性质，提出在每一个流程环节，新的实践、知识和分析可以引发对流程要素、行动和控制的修正。④精简内容，更加注重支撑一个开放的系统模型，以适应多样化的需求和环境。

ISO 31000 的风险管理框架较为抽象，其中包含了 8 项风险管理原则、6 个风险管理框架组成部分和 6 个相关联的风险处理流程。该标准从原则和方法论的高度，提出了风险管理原则和概念性的方法，对组织的风险管理提出了指导性意见，不过需要强调的是，虽然该标准是管理组织各类风险的通用办法，但是组织在应用这个框架时要充分考虑组织自身的实际情况，结合各个组织的具体情况，根据组织内部的业务具体流程进行分析，而不是简单地照搬和套用 ISO 31000 的框架。

10. 1. 2　ISO 31000 标准内容

10. 1. 2. 1　风险管理原则

风险管理的目的是创造和保护价值，因此标准指出风险管理工作要集中在组织的价值创造活动。标准共提出了 8 项原则，如图 10-1 所示，这 8 项原则是风险管理的基础，组织在建立风险管理框架和流程时可以使用这些原则来管理不确定性对组织目标的影响。

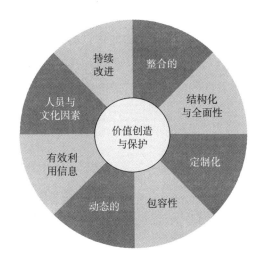

图 10-1　风险管理原则

（1）整合的。风险管理是组织所有活动的组成部分。

（2）结构化与全面性。风险管理的结构化与全面性有助于结果的一致性和可比较性。

（3）定制化。风险管理的框架和流程是根据组织及其目标的内外部环境来制定的。

（4）包容性。需要将利益相关者的适当参与和及时参与纳入考虑因素，适当采纳利益相关者的知识、观点和看法，促进利益相关者提高风险管理的意识并智慧地管理风险。

（5）动态的。风险可能会随着组织内部和外部环境的变化而出现、变化或消失。

（6）有效利用信息。风险管理需要基于历史信息、当前信息以及未来预期进行输入，组织在进行风险管理的时候应当对与这些信息和期望相关的所有限制和不确定性进行明确，同时将这些信息及时并清晰地传达给利益相关者。

（7）人员与文化因素。人员和文化因素对组织风险管理过程的不同层面和不同阶段都有显著的影响。

（8）持续改进。通过学习和经验积累，不断提高风险管理水平。

10.1.2.2 风险管理框架

风险管理框架的目的是帮助组织将风险管理整合到重要的活动和职能中。风险管理的有效性将取决于它能否被整合到组织治理和决策中，这需要利益相关方尤其是最高管理层的支持。因此，风险管理框架的核心是领导力与承诺，框架开发围绕整个组织中风险管理的整合、设计、实施、评价和改进。组织应评估其现有的风险管理实践和流程，评估所有缺陷并在框架内解决这些缺陷。框架的构成部分及其协同工作方式应根据组织的需求进行定制。风险管理的框架如图 10-2 所示。

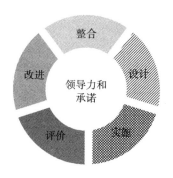

图 10-2　风险管理框架

（1）领导力和承诺。

在适当情况下，高层管理者和监督机构应确保将风险管理纳入所有组织活动，并通过一些方式展示领导力和承诺，高层管理者负责管理风险，而监督机构负责监督风险管理。

（2）整合。

风险管理既是一个动态的过程，也是一个反复优化的过程，组织应该根据自身的需求和文化进行定制。风险管理应该是组织目标、治理、领导力和承诺、战略、目标和运营的一部分，而不应相互割裂。风险管理依赖于对组织结构和环境的理解。其中，组织结构因组织的目的、目标和复杂性而异，组织结构的每个部分都应进行风险管理，并且组织中所有成员都有管理风险的责任。

（3）设计。

在设计风险管理框架时，组织应该了解并审查其内部和外部环境。高层管理者和监督机构应通过政策、声明或其他形式明确传达组织目标和风险管理承诺，展示并阐明其对风险管理的持续承诺，同时，高层管理者和监督机构应确保在组织各级分配和传达有关风险管理的权限和职责，为风险管理的过程分配适当资源，建立沟通和咨询的渠道，支持风险管理框架的建设并促进风险管理的有效应用。

（4）实施。

组织应该制订适当的时间计划和资源配置计划，确定在整个组织中什么地点、什么时间由什么人做出和如何做出不同类型的决策，必要时修改决策流程并确保组织管理风险的安排并清楚理解和实施。除此之外，框架的成功实施还需要利益相关方的参与和了解。

（5）评价。

为了评估风险管理框架的有效性，组织应该根据自身的目标、实施计划、指标和预期行为，定期衡量风险管理框架的绩效。

（6）改进。

为了应对内外部的变化，组织应对风险管理框架进行持续监控和调整，不断改进风险管理框架的适用性、充分性和有效性，以及风险管理流程的整合方式；如果发现相关的缺陷或改进机会，组织应制定计划和任务，并将其分配给负责实施的人员。

10.1.2.3　风险管理流程

风险管理流程是管理和决策的重要组成部分，也是融入到组织的结构、运营和流程的重要组成部分，具体流程如图 10-3 所示，它可用于战略、运营、方案或项目等层面，风险管理流程包括系统性地将政策、程序和实践应用于沟通和咨询，对风险进行评估与应对、监督与审查、记录与报告的活动。从理论层面讲，风险管理流程通常表现为有一定的顺序性，但在实践中这些流程步骤是可以循环反复的。

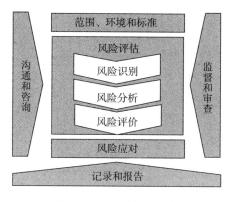

图 10-3　风险管理流程

（1）沟通和咨询。

沟通和咨询旨在帮助组织的利益相关者更加理解风险、明确决策的基础和需要采取特定行动的原因。其中，沟通的目的是提高利益相关者对风险的认知和理解，而咨询则有助于获得反馈信息以支持决策，两者之间的密切配合与协调促成真实、及时、相关、准确和可理解的信息交流，同时考虑到信息的保密性和完整性以及个人隐私权，在风险管理流程的所有步骤以及整个过程中，应适当与外部和内部利益相关方进行沟通和咨询。

（2）范围、环境和标准。

组织应该确定范围、环境和标准，这样做的目的是有针对性地设置风险管理流程，帮助组织实现有效的风险评估和恰当的风险应对。组织需要界定风险管理流程的范围，理解组织外部环境和内部环境，并定义风险标准。

（3）风险评估。

风险评估是包含风险识别、风险分析和风险评价在内的整个过程。风险评估应该借鉴利益相关者的知识和观点，以系统的、反复优化的且协作的方式进行。其中，风险识别旨在发现、识别和描述可能有助于或有碍于组织实现目标的风险，对于风险识别而言，准确的、最新的相关信息是非常重要的；风险分析旨在理解风险的性质和特征，这其中包含对风险的不确定性、来源、后果、可能性、事件、场景、控制及有效性等方面的详细考虑；风险评价的主要目的是为决策提供支撑和依据，其中涉及将风险分析的结果与已确定的风险标准进行对比，进而确定是否需要以及需要采取哪些额外行动。

（4）风险应对。

风险应对最主要的目的是选择和实施应对风险的方案。第一，组织应该选择最合适的风险应对方案，意味着实施此方案能够为目标实现带来的潜在收益与实施成本或由此带来的不利因素之间的权衡。在选择风险应对方案时，组织应考虑利益相关者的价值观、观念和潜在参与，以及与之沟通和咨询的最合适的方式。第二，要准备和实施风险应对计划，以便有关人员了解安排，并检测计划的进展情况，应对计划应明确确定实施风险应对方案的顺序。

（5）监督和审查。

监督和审查旨在保证和提高流程设计、实施和结果的质量和有效性。组织在实施风险管理流程的过程中，所有阶段均应被监督和审查，其中包括计划、收集和分析信息、记录结果并提供反馈，监督和审查的结果应被纳入整个组织的绩效管理、考量和报告活动中。

（6）记录和报告。

组织应通过适当的机制来记录和报告风险管理的流程和结果。记录信息的创建、保留和处理应该考虑到它们的使用、信息敏感性以及外部环境和内部环境。报告机制是组织治理的一个组成部分，应该提高与利益相关方的对话质量，并支持高级管理层和监督机构履行其职责。

10.2 项目风险管理应用指南 GB/T 20032-2005

10.2.1 GB/T 20032-2005 标准简介

GB/T 20032-2005 标准是由中国标准化研究院提出，由中华人民共和国国家质量监督检验检疫总局和中国国家标准化管理委员会发布的《项目风险管理——应用指南》（以下简称标准或《指南》），该标准于 2005 年发布，该标准等同于采用 IEC 62198：2001《项目风险管理——应用指南》。该标准适用于组织中包含技术性内容的所有项目，也可用于其他类型的项目。

该标准对项目风险管理过程的内容、过程和影响因素进行概述，并根据组织在实施项目各个阶段的风险管理要求提出了相适应的指南和方案。该标准的应用需根据特定项目的情况加以修改。因此，一般认为强制实行风险管理从业者认证体系在总体上是不适宜的。标准并不专用于处理与安全有关的问题。尽管标准的应用可能产生与安全有关的问题，但对此类风险的管理应按照安全类标准或产品标准进行而不包括在该标准中。

10.2.2 GB/T 20032-2005 标准内容

10.2.2.1 项目风险管理概述

（1）风险管理的作用。

所有项目的生命周期的每一阶段与决策都存在风险，因此，在项目进行的每一阶段都应当进行风险管理，并且对风险的管理过程应当与项目管理过程和产品管理过程相结合。组织需要按照风险管理的要求建立结构化的风险管理过程并且保证全员参与，进而促进开放性沟通和风险管理的高效性，因为高效项目风险管理的前提之一是项目内外部均有坦率与开放性的沟通。

（2）过程框架。

项目风险管理过程从建立项目实施的总体框架开始，其中包括对利益相关者的识别，对目标的理解和传达，对某一特定项目风险管理活动范围和界限的确定，同时，组织也应当确定该项目与任何其他项目的重合之处，以及项目运行所受到的组织的、战略的约束。

风险管理过程的下一步骤是风险识别，这是风险管理过程中的基础性工作。对每一项已被识别的风险都应当实施后继的风险管理活动，如风险评定、风险处理、评审与监视。首先可以在总体上识别一般性的风险问题，然后再更详尽地观察特定的风险及其出现方式。在项目进行的过程中，每一阶段都应当进行对风险的管理，项目本身及其产品的风险也应当进行评审。

10.2.2.2　组织

（1）管理职责。

项目经理对作为整个项目管理职能一部分的项目风险管理工作负责。根据项目的规模和复杂性，风险管理工作可由项目经理或其他代表实施，应当规定项目风险管理职权及其与其他职能的接口并形成文件。

（2）资源。

项目经理应当确保项目风险管理所需资源的可得性（包括有足够经验的人员），同时应当考虑项目风险管理的成本。

（3）沟通。

风险管理依赖于整个项目生命周期中其他方面信息的可得性。在风险管理和其他方面工作之间应当正式建立和保持沟通的接口和渠道，这些接口应当在职权的足够层级上确定并足够详尽，以便尽可能快地做出反应，这可使风险发生后对项目的影响最小。为了对管理决策过程和项目目标的可实现性提供信心，风险问题报告是必需的。风险会议可以是正式的，也可以是非正式的，但有关风险的所有讨论和决策应当予以记录和报告。

（4）文件。

文件有利于风险管理过程的实施和控制，特别是在项目不同阶段的交接过程中，文件有助于策划、进展评价和追溯。风险管理过程、风险及其处理都应当形成文件。主要包括两部分：一是项目风险管理计划，描述拟用于该项目的风险管理的结构化过程，项目风险计划应当定期评审并按照要求更新；二是项目风险管理记录单，这是记录风险状态变化的载体，项目风险管理记录单应从风险识别阶段开始。

10.2.2.3　项目风险管理过程

（1）建立总体框架。

应当确定风险总体框架，包括可能限制或使项目重新定位的技术、公司、商业、政治、财务、法律、合同及市场方面的目标等。为满足项目自身、公司和顾客的要求，项目各个阶段中要达到的目标应当被识别，并用于对风险的识别和分级。

（2）风险识别。

风险识别旨在发现、列举和描述可能影响到既定项目或项目阶段性目标实现的风险。风险识别的过程也可以揭示风险管理的机会。风险识别应当是一个系统性的过程，多数情况下，风险识别依赖于对预期问题的预测和分析，可以用很多方法，包括头脑风暴、专家意见、结构化访谈、问卷调查、检查单、历史数据、经验、测试和建模、对其他项目的评价等。风险识别可以发生在 IEC 60300-3-3 中的所有或部分产品阶段。表 10-1 为典型的项目或产品生命周期不同阶段中某些可能很突出的风险域的示例。

表 10-1　与阶段相关的风险域示例

概念与定义	设计与开发	制造	安装与试运行	使用与维护	退役与处置
中标/未中标	权衡	分包方	图样	可信性	安全
预算	制造/采购	材料	组装	安全	替换
安全	性能	资源	性能	互换性	补救
担保	可生产性	组装	可信性	修改	报废
技术	技术	技术状态变更	安全	处罚	处罚
合同	可信性	可信性	测试	法规	遗留的风险
法规要求	信息源	处罚	程序	保证	
项目管理	合同	安全	处罚	遗留的风险	
	处罚	遗留的风险	保证		
	安全		遗留的风险		
	遗留的风险				

（3）风险评定。

风险评定的目的是分析和评价已识别的风险，并根据评定结果决定是否需要进行处理。这其中包含风险分析、风险评价和风险接受。风险分析主要识别风险的界限和影响范围、识别风险与项目之间的依赖关系、确定风险发生的可能性以及对既定目标的相关影响，风险分析的方法可以分为定性分析和定量分析，当有较多可得资料时，组织可以选择合适的方法进行定量分析，当缺少数据或数据不可靠时，组织可以在项目生命周期的前期进行初步的定性分析。风险评价主要是指将风险的水平与可容忍性准则相比较，进而制定出处理风险的初始顺序。有些风险可以不进行处理（或进一步处理）就被接受，这些风险应当被包括在项目风险记录单中，以便能够进行有效的监视；不可接受的风险要进行处理。

（4）风险处理。

风险处理的目的是识别与实施使风险可容忍的高效费比措施。它是决定和实施处理已识别风险的方案的过程。图10-4说明了风险处理的过程，此过程包含了处理方案的评定、风险规避、减少风险发生可能性、限制后果、风险分担和补救战略。对每一项风险处理都应任命专人负责。对处理方案的评定，应当考虑处理成本或补救成本以及实施相应方案的潜在收益，如果认为风险可以容忍并予以接受，就应当考虑是否需要处理意外结果的补救战略，如果需要补救战略，就应当准备风险补救计划来完善该战略。如果不能容忍该风险，应当考虑取消项目或实施进一步处理。在风险处理时，要减少或消除风险发生的原因，限制风险的后果，此外也可以进行风险规避和风险分担，降低风险后仍存在的风险可以被转移或分担给项目外部有偿进行处理的某方，但是彻底转移风险几乎是不可能的，并且当风险被转移或分担时，可能会引入新的风险。

（5）风险监视与评审。

风险监视与评审的主要目的是识别新出现的风险，并确保风险处理的有效性。风险管理过程的有效性也应当进行评审，风险监视应当在项目生命周期内持续进行，其中包括对项目预算、项目系统与来自项目的其他输入的检查。项目完成后的后续工作是应当进行风险评审以确保风险管理过程的有效性，并决定未来项目中该过程如何改进。

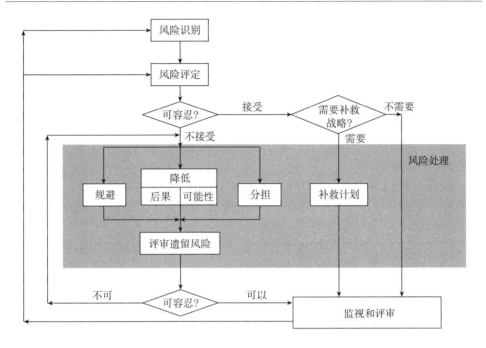

图 10-4 风险处理过程

10.3 ISO 22301 业务连续性管理体系

10.3.1 ISO 22301 标准简介

ISO 22301：2019《安全和弹性 业务连续性管理体系 要求》于 2019 年 10 月 31 日发布。距 2012 版 ISO 22301：2012《公共安全 业务连续性管理体系 要求》正式发布已有 7 年，修订后的标准更易读和易采用。该标准指定了实施和维护业务连续性管理系统（BCMS）的结构和要求，可以帮助组织应对各种威胁，有利于组织对业务中断后的影响重要性进行排序，优先对关键业务的中断进行预防、处理和恢复。

10.3.2　ISO 22301 标准内容

10.3.2.1　总体介绍

BCMS 强调了以下几个方面的重要性：①了解组织的需求以及建立业务连续性方针和目标的必要性。②运营和维护流程、能力和响应结构，以确保组织能够在中断中生存下来。③监视和审查 BCMS 的绩效和有效性。④基于定性和定量措施的持续改进。

BCMS 的目的是准备、提供和维护控制和能力，以管理组织在中断期间继续运行的整体能力。该标准应用的是"计划—执行—检查—处理"的 PDCA 循环，这样可以维护和不断提高组织 BCMS 的有效性。

10.3.2.2　组织环境

该条标准介绍了适用于组织 BCMS 建立所必需的背景、需求、期望和范围。

组织应了解组织及其背景，确定与其目标相关并影响其实现 BCMS 预期结果的外部和内部问题。在建立 BCMS 时，组织应确定与 BCMS 有关的利益相关方，了解有关方面的需求和期望，确定遵守的法律法规要求。在确定 BCMS 的范围和适用性时，除了上述方面，组织还应该考虑其使命、目标以及内部和外部义务，考虑到组织的位置、规模、性质和复杂性，确定要纳入 BCMS 的组织部分和包含在 BCMS 中的产品和服务，上述范围都应该以文件化信息提供，组织应根据该标准的要求建立、实施、维护和持续改进 BCMS。

10.3.2.3　领导能力

该条标准总结了最高管理者在 BCMS 中的特定角色要求，以及领导层如何通过方针声明向组织表达其对组织的期望。

最高管理者应当通过多种方式表现出对 BCMS 的领导和承诺，制定业务连续性方针，建立和传达业务连续性策略。其中，业务连续性方针有四条要求：①匹配组织目标。②提供设定业务连续性目标的框架。③包含满足适用要求的评价。④包含对 BCMS 持续改进的承诺。业务连续性策略有三条要求：①可作为文件化信息提供。②在组织内部进行沟通。③适当时可供有关各方使用。确定好方针和政策之后，最高管理者应确保在组织内部分配和传达有关角色的职责和权限。

10.3.2.4　规划

该条标准描述了为整个 BCMS 建立战略目标和指导原则的要求。

组织在规划 BCMS 时，首先应确定风险和机遇并计划如何应对这些风险和机遇。此外，组织应在相关职能和级别上建立业务连续性目标和实现这些目标的计划，并且应当确定将要做什么、需要哪些资源、谁负责、何时完成和如何评估结果，当组织确定需要变更 BCMS 时，应当以计划的方式进行变更，在变更的时候应该考虑：①变更的目的和潜在后果。②BCMS 的完整性。③资源的可用性。④职责和权限的调整或重新分配。

10.3.2.5　支持

该条标准支持 BCMS 运作，该运作涉及与利益相关方根据需求建立能力和持续沟通，同时记录、控制、维护和保留所需的书面信息。

组织应当确定并提供建立、实施、维护和持续改进 BCMS 所需的资源、能力、意识，确定与 BCMS 有关的内部和外部沟通，确定适当的 BCMS 计划和运营所需要的文件化信息，在创建和更新文件化信息时，组织应确保适当的标识和描述、格式、审查和批准其适用性和适当性。此外，BCMS 和该文件信息应该受到控制，以确保组织在需要的地方和需要的时间能够及时使用，并且确保文件信息受到足够的保护，酌情开展对文件信息进行控制的活动。

10.3.2.6　运作

该条标准定义了业务连续性需求，确定了解决办法，并指定了在中断期间管理组织的程序。

组织应建立过程标准，按照标准对过程进行控制，保持必要范围内的书面信息以确保流程按照计划进行，通过上述方式计划、实施和控制满足要求的规划。组织应控制计划的变更并审查意外变更的后果，采取必要的措施减轻不良影响，同时确保对外包过程和供应链进行控制。

组织应实施并维护系统的流程，以分析业务影响并评估中断的风险；在计划的时间间隔以及组织内部或运营环境发生重大变化时，审查业务影响分析和风险评估。其中，在业务影响分析方面，组织应使用一系列过程来分析业务影响，确定业务连续性的优先级和要求。在风险评估方面，组织应实施并维持风险评估过程（见 ISO 31000），确定中断组织的优先活动及其所需资源的风险，分析和评估已识别的风险，确定哪些风险需要治疗。

基于业务影响风险和风险评估的结果，组织应确定并选择中断之前、中断期间和中断之后的业务连续性策略，业务连续性策略应包含一个或多个解决方案，组织需要确定战略、选择对应的策略和解决方案，确定实施所选方案的资源要求并实施解决方案。

基于所选策略和解决方案的结果，组织应识别并记录业务连续性计划和程序，实施和维护响应结构，以便及时警告并与各方进行沟通，形成保持业务连续性计划和程序的文件，业务连续性计划应提供指导和信息，以帮助团队响应中断并协助组织恢复。

组织应实施并维护一项演练和测试计划，以随着时间的推移验证其业务连续性策略和解决方案的有效性，此外也要及时对业务连续性文件和能力进行评估。

10.3.2.7 绩效评估

该条标准总结了衡量 BCMS 绩效的要求以及进行管理评审所必需的要求。

组织应及时监控、测量、分析和评估 BCMS 的绩效和 BCMS 的有效性。组织应确定：①需要监控和测量的内容。②为确保有效性而进行的监控、测量、分析和评估方法。③何时由谁进行监控和测量。④应在何时何地对监控和测量结果进行分析和评估。

在内部审核方面，组织应建立、实施和维护审核计划，按计划的时间间隔进行内部审核，以提供有关 BCMS 是否符合要求和得到有效实施与维护的信息。在管理评审方面，组织的最高管理者应按计划的时间间隔审查组织的 BCMS，以确保其持续的适用性、充分性和有效性。管理评审前考虑各方面信息，管理评审结果应包含与持续改进机会以及有利于提高 BCMS 效率和效果的决定，组织应该保留书面信息作为管理评审结果的证据。

10.3.2.8 改善

该条标准明确了纠正措施，以应对 BCMS 不合格情况和持续改进情况。

在 BCMS 进行过程中，组织应确定改进机会并采取必要措施以实现 BCMS 的预期结果，如果发生不符合的情况，组织应对不符合做出反应，评估采取行动消除不合格原因的必要性，采取任何必要的行动，审查采取的任何纠正措施的有效性，如有必要，对 BCMS 进行改进。在这个过程中，组织应该保留文件化信息，以证明不合格的性质、采取的纠正措施及其后果。组织应在定性和定量措施的基础上不断提高 BCMS 的适用性、充分性和有效性。

10.4　本章小结

本章主要介绍了三种不同的项目风险管理体系与标准，分别是 ISO 31000 标准、项目风险管理应用指南 GB/T 20032-2005、ISO 22301 业务连续性管理体系，并对三种标准的简介和主体内容进行了阐述。

其中 ISO 31000 标准从原则和方法论的高度提出了风险管理原则和概念性的方法，对组织的风险体制提出了指导性意见。项目风险管理应用指南 GB/T 20032-2005 标准概括介绍了项目风险管理、项目风险管理过程与影响因素。ISO 22301 业务连续性管理体系的标准则指定了实施和维护业务连续性管理系统（BCMS）的结构和要求，该标准可以帮助组织面对各种威胁，有利于组织根据分析结果对中断业务的重要程度排序，并对关键业务的中断和恢复进行优先预防和处理。

上述标准为组织进行项目风险管理提供了指南和参考，但需要注意的是，所有标准的应用都需根据特定项目的情况加以修改，不能照搬照抄，这样才能更高效地应对和管理不同的项目风险。

思考题

1. 风险管理原则是什么？风险管理框架包含哪些内容？

2. 风险管理流程包含哪些阶段？每个阶段的目的是什么？

3. 简述项目风险管理的过程是什么？

4. 风险评定的方法有哪些？风险评定后应该如何进行风险处理？

5. 业务连续性方针应该如何制定？组织应该如何监视和审查业务连续性管理系统（BCMS）的绩效和有效性？

参考文献

［1］赵丽坤．项目风险管理［M］．北京：中国电力出版社，2015.

［2］戚安帮．项目风险管理［M］．天津：南开大学出版社，2010.

［3］沈建明．项目风险管理［M］．北京：机械工业出版社，2018.

［4］马海英．项目风险管理［M］．上海：华东理工大学出版社，2017.

［5］刘晓红．项目风险管理［M］．天津：南开大学出版社，2010.

［6］王颖．项目风险管理［M］．北京：电子工业出版社，2012.

［7］范道津，陈伟珂．风险管理理论与工具［M］．天津：天津大学出版社，2010.

［8］杨开云．建设工程项目管理［M］．郑州：黄河水利出版社，2009.

［9］高立法．企业经营风险管理实务（第2版）［M］．北京：经济管理出版社，2014.

［10］高立法，虞旭清．企业经营风险管理实务［M］．北京：经济管理出版社，2009.

［11］黄贤彦．故障树分析在项目风险管理中的应用［J］．中小企业管理与科技（下旬刊），2019（09）：33-34.

［12］朱玄易．项目风险管理概述及案例分析［J］．企业改革与管理，2019（16）：16-17.

［13］丁少华．LZ先导专项（B类）项目风险识别与对策研究［R］．学术论文，2018.

［14］魏玖长，赵定涛．中国科学技术大学管理学院MBA教学案例企业战略与危机管理［G］．2013.

［15］黄琼，曹珊珊，夏绍模．网络计划技术在房地产开发项目成本控制中

的应用［J］．城市建筑，2015（26）：157-158.

［16］财政部会计司．管理会计案例示范集［M］．北京：经济科学出版社，2019.

［17］金德民．工程项目全寿命期风险管理系统理论及集成研究［D］．天津：天津大学，2004.

［18］郭俊．工程项目风险管理理论与方法研究［D］．武汉：武汉大学，2005.

［19］赵俊平．油气钻井工程项目风险分析与管理研究［D］．大庆：大庆石油学院，2007.

［20］曾静．核电项目建设情景下公众的风险应对行为与信息沟通研究［D］．合肥：中国科学技术大学，2017.

［21］张智勇．PPP模式下高速公路项目投融资风险管理研究［D］．北京：中国科学院大学，2016.

［22］秦臻．芜湖经济开发区经济政策研究［D］．合肥：安徽大学，2019.

［23］肖建定．主题产业园区PPP投融资模式研究［D］．哈尔滨：哈尔滨工业大学，2017.

［24］吴树壮．工程项目进度——成本风险分析与管理应用研究［D］．天津：天津工业大学，2007.

［25］徐建华，薛澜．风险沟通与科学传播［J］．科普研究，2020，15（02）：5-12+103.

［26］贾倩，黄蕾，袁增伟，等．石化企业突发环境风险评价与分级方法研究［J］．环境科学学报，2010，30（07）：1510-1517.

［27］李永海，陈曦，张尧，等．基于CBDT的新产品开发项目风险应对方案选择方法［J］．管理工程学报，2015，29（03）：257-264.

［28］华智亚．风险沟通：概念、演进与原则［J］．自然辩证法通讯，2017，39（03）：97-103.

［29］张亚莉，杨朝君．基于计划行为理论的项目风险沟通影响因素分析［J］．软科学，2006（03）：9-11.

［30］张石磊，张亚莉．项目利益相关者理性与项目风险沟通［J］．世界科技研究与发展，2009，31（04）：754-756.

［31］鞠朝友．建筑工程项目施工过程中风险管理研究［D］．青岛：中国

海洋大学，2008.

［32］牛波．建设性项目群风险管理方法研究［D］．西安：西安建筑科技大学，2006.

［33］初京义．石油天然气勘探开发项目风险分析及风险应对策略［D］．天津：天津大学，2005.

［34］袁富贵．大型工程项目风险管理研究［D］．长沙：中南林业科技大学，2007.

［35］沈兆辉．建筑工程项目风险评价与控制［D］．济南：山东大学，2009.

［36］周利安．有线数字电视项目风险评估与决策方法及应用研究［D］．长沙：国防科学技术大学，2012.

［37］陈卫星．佛山市天然气项目投资风险分析与防范对策［D］．长春：吉林大学，2008.

［38］刘自娥．河南电信无线局域网（WLAN）郑州大学项目的风险管理研究［D］．南京：南京理工大学，2011.

［39］周宏强．兵马俑馆前服务区项目风险管理与控制［D］．西安：西安理工大学，2006.

［40］黄国仔．施工项目风险管理对策与建议［J］．企业家天地（下半月刊），2014（06）：118.

［41］王玉．海上平台更新改造项目风险管理研究［D］．天津：天津大学，2008.

［42］刘华．大型工程项目成本风险管理研究［D］．长沙：中南林学院，2005.

［43］庞海涛．国际EPC工程项目采办工作风险分析及防范措施［J］．石油工程建设，2017，43（04）：89-92.

［44］陈伏初．宝钢酸洗改造自主集成项目设备采购计划及控制研究［D］．沈阳：东北大学，2011.

［45］程光伟．薛城电站风险分析与保险研究［D］．成都：西南财经大学，2007.

［46］张尧，孙梦阳，关欣．考虑风险总关联的项目风险应对策略选择方法［J］．中国管理科学，2020，28（01）：32-44.

［47］董士波．对我国工程保险险种设置的设想［J］．经济研究参考，2003（10）：43-48.

［48］程晓，朱艳芳．航天型号研制风险控制研究［J］．物流科技，2011，34（11）：1-4.

［49］胡光．XX 设计院国际水泥 EPC 项目的工程设计风险分析与应对［D］．合肥：中国科学技术大学，2015.

［50］汤明阳．配电网建设改造的投资风险识别与评价［D］．保定：华北电力大学，2009.

［51］楼海军．国际水泥工程 EPC 总承包的设计风险及应对措施［J］．水泥，2010（03）：24-27.

［52］Peter M Sandman. Risk Communication：Facing Public Outrage［J］. EPA Journal, 1987（11）：21-22.

［53］Covello, V. T., Peters, R. G., Wojtecki, J. G., & Hyde, R. C. Risk Communication, the West Nile Virus Epidemic, and Bioterrorism：Responding to the Communication Challenges Posed by the Intentionaloruniumtentional Release of a Pathogen in an Urban Setting［J］. Journal of Urban Health：Bulletin of the New York Academy of Medicine, 2001（78）：382-391.

［54］Lundren, R., McMakin, A. Risk Communication：A Handbook for Communicating Environmental, Safety, and Health Risks［M］. Hoboben, N. J.：Wiley, 2009.